ମନେପଡ଼େ ସେହିଦିନର ବୋଷ୍ଟନ ଓ ବିଦେଶ ବୁଲା

ଡ଼: ଜ୍ୟୋସ୍ନା ମହାପାତ୍ର

ବିଦ୍ୟା ପବ୍ଲିଶିଙ୍ଗ୍

ମନେପଡ଼େ ସେହିଦିନର
ବୋଷ୍ଟନ ସହର ଓ ବିଦେଶ ବୁଲା

ଡ: ଜ୍ୟୋସ୍ନା ମହାପାତ୍ର

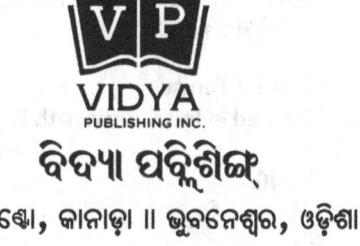

VIDYA
PUBLISHING INC.

ବିଦ୍ୟା ପବ୍ଲିଶିଙ୍ଗ୍

ଟରୋଣ୍ଟୋ, କାନାଡ଼ା ॥ ଭୁବନେଶ୍ୱର, ଓଡ଼ିଶା

ମନେପଡ଼େ ସେହିଦିନର ବୋଷ୍ଟନ ସହର ଓ ବିଦେଶ ବୁଲା

ଲେଖିକା : ଡ: ଜ୍ୟୋସ୍ନା ମହାପାତ୍ର, ମୋ: ୯୯୩୭୫୦୦୬୦୫

ପ୍ରକାଶକ : ଡ. ତନ୍ମୟ ପଣ୍ଡା, ଡ. ସୁନନ୍ଦା ମିଶ୍ର ପଣ୍ଡା
ବିଦ୍ୟା ପବ୍ଲିଶିଙ୍ଗ୍ ଇଙ୍କ୍, ଟରୋଣ୍ଟୋ, କାନାଡ଼ା

ପ୍ରଥମ ସଂସ୍କରଣ : ଫେବୃୟାରୀ, ୨୦୨୫

Manepade Sehidinara Boston Sahara O Bidesh Bula
(by Dr. Jyotshna Mahapatra)

ISBN : 978-1-998475-44-5

First Edition : February, 2025

Published by : Dr. Tanmay Panda & Dr. Sunanda Mishra Panda
Vidya Publishing Inc.,
Toronto, Canada || Bhubaneswar, Odisha

Website : www.vidyapublishing.com
Email : vidyapublishinginc@gmail.com
Cell : +1 6478389884

Odisha Contact : Nirmalya Garden, Plot 516/1719, House 10,
KIIT Post Office, Patia, Bhubaneswar - 751024
Cell : +91 8984131810

Cover Design : Srushti Panda
Printed in India, Biswanath Enterprises

Price : ₹ 140/-

ଜଗନ୍ନାଥ ସ୍ୱାମୀ ନୟନ ପଥଗାମୀ ଭବତୁ ମେ ଭବତୁ ମେ ଭବତୁ ମେ

ଆଲିଶା

ଆରିୟାନ୍

କିମାୟା

ଉତ୍ସର୍ଗ

"ମନେପଡ଼େ ସେହିଦିନର ବୋଷ୍ଟନ ଓ ବିଦେଶ ବୁଲା" ବହିଟିକୁ ମୋର ଅତି ଗେହ୍ଲା ନାତୁଣୀ, ନାତି, ଆଲିଶା, ଆରିୟାନ୍ ଓ କିମାୟାଙ୍କ ହାତରେ ଅତି ଖୁସିରେ ଉତ୍ସର୍ଗ କରୁଛି । ତୁମେମାନେ ସେହିପଟେ ଆମେରିକାରେ ରହୁଛ ଓଡ଼ିଆ ପଢ଼ିପାରିବ ନାହିଁ ଖାଲି ପଢ଼ି ଶୁଣାଇଲେ ଖୁସିରେ ଶୁଣିବ ଓ କେତେ ପ୍ରକାରର ପ୍ରଶ୍ନ ପଚାରିବ । ଗପ ଓ କଥା ଶୁଣିବାରେ ବଡ଼ ଆଗ୍ରହ ତୁମମାନଙ୍କର । ଉକ୍ତ ବହିଟିର ଇଂରାଜୀ ଅନୁବାଦ ତୁମମାନଙ୍କ ପାଇଁ ଖୁବ୍ ଶୀଘ୍ର ପ୍ରକାଶ ପାଇବ ।

ଇତି ତୁମର 'ଆଈ/ ମାମା'

ଜ୍ୟୋସ୍ନାଙ୍କ ପାଇଁ ଶୁଭେଚ୍ଛା

ଡ: ବିଜୟା ମିଶ୍ର

ପୂର୍ବତନ ଅଧ୍ୟକ୍ଷା, ରମାଦେବୀ ମହିଳା ମହାବିଦ୍ୟାଳୟ

ବହିଟି "ମନେପଡ଼େ ସେହିଦିନର ବୋଷ୍ଟନ ଓ ବିଦେଶ ବୁଲା" ଖୁବ୍ ସୁନ୍ଦର ହୋଇଛି । ଅତୀତକୁ ଫେରିଯାଇ ସ୍ମୃତିର ଗର୍ଭରୁ ଖୋଜି ଆଣି ଜ୍ୟୋସ୍ନା ନିଜର ପିଲାବେଳର ବୋଷ୍ଟନ ସହରରେ ଅଢ଼େଇ ବର୍ଷ କଟାଇବା କଥା ଗୋଟି ଗୋଟି ସୁନ୍ଦର ଭାବରେ ବର୍ଣ୍ଣନା କରିଛନ୍ତି । ମୁଁ ଶୁଭେଚ୍ଛା ଲେଖିବା ପୂର୍ବରୁ ଜ୍ୟୋସ୍ନାଙ୍କ ସଙ୍ଗେ ବାରମ୍ବାର ଫୋନ୍‌ରେ ତାଙ୍କର ଅନୁଭୂତି ଶୁଣୁଥିଲି । ଖୁସିରେ ଆତ୍ମହରା ହୋଇ ମୋ' ସାଙ୍ଗରେ ଗପିଥିଲେ ଜ୍ୟୋସ୍ନା ସେହି କେତେଦିନର ରହଣୀ ବିଷୟରେ । ଏବେ ତା' ପୁଅ, ଝିଅ ସେଠାରେ ଥିବାରୁ ସେ ପ୍ରତିବର୍ଷ ପ୍ରାୟ ଆମେରିକା ଓ କାନାଡ଼ା ବୁଲିବାକୁ ଯାଏ ।

ଜ୍ୟୋସ୍ନାଙ୍କର ବାରଟି ବହି ପ୍ରକାଶ ପାଇଲାଣି । ଏହା ଭିତରେ ବାପା ଓ ମା' ଦୁଇଜଣଙ୍କର ଜୀବନୀ ବେଶ୍ ସୁନ୍ଦର ଭାବରେ ଜ୍ୟୋସ୍ନା ଲେଖିଛନ୍ତି । ଏହି ବିହିଟି ଏକ ଭିନ୍ନ ଧରଣର ନିଜ ଅନୁଭବକୁ ନେଇ । ସେହି ସମୟରେ ଖୁବ୍ କମ୍ ଲୋକ ଆମ ଦେଶରୁ ଆମେରିକା ଯାଉଥିଲେ । ଆମେରିକା ବିଷୟରେ କିଛି ଜାଣି ନଥିବା ଛୋଟ ଝିଅଟି ଜ୍ୟୋସ୍ନା ଯେତେବେଳେ ଯାଇ ଆମେରିକାରେ ପହଞ୍ଚିଲା ବାପା, ମା' ଓ ଛୋଟ ଭାଇଙ୍କ ସଙ୍ଗରେ ଓ ପ୍ରଥମ କରି ଯେତେବେଳେ ସେ ଗୋରା ପିଲାଙ୍କ ସଙ୍ଗରେ ମେଳ ଖାଉନଥିବା ଝିଅଟିଏ ସ୍କୁଲରେ ନାମ ଲେଖାଇଲା ଇଂରାଜୀରେ କଥା କହିବା ଶିଖିଲା ସେହିସବୁ ଅତୀତର ରୋମନ୍ଥନକୁ ନେଇ ବହିଟିର ବିଷୟବସ୍ତୁ ।

ସେତେବେଳର ଆମେରିକା ଏବେଠାରୁ ପୁରା ଅଲଗା ଥିଲା । ବହୁତ କମ୍ ଭାରତୀୟ ଦେଖିବାକୁ ମିଳୁଥିଲେ । ସେମାନେ ରହୁଥିବା ୧୨୫ ଚର୍ଲସ ଷ୍ଟ୍ରିଟ୍‌ରେ ସେମାନେ ଏକମାତ୍ର ଭାରତୀୟ ପରିବାର ଅର୍ଥାତ୍ ଏକମାତ୍ର ଓଡ଼ିଆ ପରିବାର ମଧ୍ୟ । ଆଜିକାଲି ଭାରତୀୟ ଦୋକାନ ପ୍ରତି ଗଳିରେ ଦେଖିବାକୁ ମିଳେ । ସେତେବେଳ ଆଦୌ ନଥିଲା । ଏହିସବୁ ବିଷୟ ନେଇ ଜ୍ୟୋସ୍ନାଙ୍କର ଏହି ବହିଟି । ପୂର୍ବରୁ କିଛି କିଛି ଲେଖିଥିଲେ ଏବେ ବସି ବସି ବହିଟିକୁ ଶେଷ କରିଲେ । ଫେରିଲା ବେଳେ ବିଭିନ୍ନ ଦେଶ ବୁଲାବୁଲି କରିଥିଲେ ସେସବୁ ମଧ୍ୟ କିଚି କିଛି ବର୍ଣ୍ଣନା କରିଛନ୍ତି ।

ଅନ୍ୟ ସବୁ ବହି ପରି ଜ୍ୟୋସ୍ନାଙ୍କର ଏହି ବହିଟି ମଧ୍ୟ ନିଶ୍ଚୟ ସମସ୍ତଙ୍କୁ ଭଲ ଲାଗିବ । ନିଜ ମନ ଖୋଲି ଅନୁଭୂତିଙ୍କୁ ଲିପିବଦ୍ଧ କରିବାର ଜ୍ୟୋସ୍ନାରେ ଦକ୍ଷତା ଦେଖି ମୁଁ ମୁଗ୍ଧ ହୋଇଛି । ତାଙ୍କ ଲେଖନୀ ଏମିତି ସକ୍ରିୟ ଥାଉ ସବୁବେଳେ ମୋର ପ୍ରାର୍ଥନା ।

ମୁଖବନ୍ଧ

ଏହି ପୁସ୍ତକଟି ଅନେକ ଦିନରୁ ଆରମ୍ଭ ହୋଇଥିଲେ ମଧ୍ୟ ଶେଷ ହୋଇପାରି ନଥିଲା କାର୍ଯ୍ୟ ବ୍ୟସ୍ତତା ଯୋଗୁଁ ।

ବାପା-ମା' ଓ ଛୋଟ ଭାଇ ସଙ୍ଗେ ଆମେରିକାର ବୋଷ୍ଟନରେ ଅଢ଼େଇ ବର୍ଷ ବିତାଇଥିଲୁ । ସେତେବେଳେ ବାପା ସେଠାକାର ବ୍ରାଣ୍ଡାଇସ୍ ବିଶ୍ୱବିଦ୍ୟାଳୟରେ ନିଉକ୍ଲିକ୍ ଆସିଡ୍ ଉପରେ ଗବେଷଣା କରିବା ଥିଲା ବାପାଙ୍କର ପ୍ରୋଜେକ୍ଟ । ନିଉକ୍ଲିକ୍ ଆସିଡ୍ ଉପରେ ଗବେଷଣା ପୃଥିବୀର ପ୍ରାୟ ସବୁଦେଶରେ ଚାଲିଥାଏ । ବାପାଙ୍କର ଚିନ୍ତା ଥିଲା ଏହି ଗବେଷଣା ଯଦି ସଫଳ ହେବ ଜୀବଜଗତର ଏକ ଶ୍ରେଷ୍ଠ ପ୍ରହେଳିକାର ସମାଧାନ ହୋଇପାରିବ ଏବଂ ଏହା ନିଶ୍ଚୟ ଦିନେ ମଣିଷକୁ କାଳଜୟୀ, ରୋଗଜୟୀ ଓ ମୃତ୍ୟୁଞ୍ଜୟୀ କରିପାରିବ । ବାପା ଅଢ଼େଇ ବର୍ଷ ଏହି ଗବେଷଣାରେ ଲାଗି ପଡ଼ିଲେ । ମୁଁ ମୋ' ପଢ଼ାରେ ଏବଂ ବୋଉ ତାଙ୍କର ସେ ଆମେରିକା ନୂଆ ସାଥିମାନଙ୍କ ସାଙ୍ଗରେ ମିଶି ଅନେକ କଥା ଶିଖିବାରେ ଲାଗିଲେ । ସେମାନେ ଆଗ୍ରହର ସହିତ ବୋଉଙ୍କ ସାଙ୍ଗରେ ମିଶିଲେ ମଧ୍ୟ ।

ଏହିଠାରେ ମୁଁ କହିବାକୁ ଚାହେଁ କି ସେତେବେଳେ ୱାଲଥାମ ବା ବୋଷ୍ଟନରେ ଜଣେ ବି ଓଡ଼ିଆ ନଥାନ୍ତି । ଭାରତୀୟ ବନ୍ଧୁ ୩/୪ ଜଣ କିନ୍ତୁ ଏହି ଆମେରିକୀୟ ବନ୍ଧୁମାନଙ୍କ ସଙ୍ଗେ ବୋଉଙ୍କର ବେଶ୍ ଖୁସିରେ ଦିନ କଟେ, ଯେଉଁଟାକି ଏବେ ସେହିପରି ମିଳାମିଶା ଦେଖାଯାଏ ନାହିଁ । ବଡ଼ ସ୍ନେହ ଓ ଯତ୍ନଶୀଳ ଥିଲେ ଭାରତୀୟଙ୍କ ସଙ୍ଗେ । ଅବଶ୍ୟ ଆଜିକାଲି ସେଠାରେ ଅନେକ ଭାରତୀୟ ପୁଣି ଅନେକ ଓଡ଼ିଆ ପରିବାର ଦେଖିବାକୁ ମିଳେ । ସେହି ପୁରୁଣା ଦିନର ସେହି ବନ୍ଧୁତା ମୁଁ ନ ଦେଖି ମୋତେ ବଡ଼ ଆଶ୍ଚର୍ଯ୍ୟ ଲାଗିଥିଲା । ଏବେ ୨୦୦୪ରେ ମୁଁ ଯେତେ ଥର ଝିଅ ଘରକୁ ଗଲି, ଏହି ପରିବର୍ତ୍ତନ ବିଷୟ ମୁଁ ଟିକିନିଖି ବହିଟିରେ ଆଲୋଚନା କରିଛି । ଆଉ ଏକ ଆଶ୍ଚର୍ଯ୍ୟର କଥା ମୋର ଦୁଇ ସାଙ୍ଗ ଜେନି ଲିଉଇସ୍ ଏବଂ ଲିସା ଡୋନର ମୋ ଶିକ୍ଷୟତ୍ରୀ କ୍ୟାରୋଲିନ୍ କରୁଷେଙ୍କ ସହିତ

ଆଜି ପର୍ଯ୍ୟନ୍ତ ମୋ ସଙ୍ଗରେ ଚିଠି ଓ ଫଟୋ ଦେବା ନେବା ଚାଲିଛି । ଏତେ ସୁନ୍ଦର ସ୍ନେହ ଓ ବନ୍ଧୁତା ଏବେ ବିରଳ । ଆଜିକାଲି ଆମ ପିଲେ ସେଠିକାର ବାସିନ୍ଦା ହୋଇ ୪/୫ ଘର କିଣି ସ୍ଥାୟୀ ବାସିନ୍ଦା ହୋଇଗଲେ । ସେଠାକାର ଲୋକଙ୍କ ସଙ୍ଗେ ଖୁବ୍ କମ୍ ବନ୍ଧୁତା ।

ବୋଷ୍ଟନରୁ ଭାରତ ଫେରିଲା ବେଳର ଦୃଶ୍ୟ ଓ ଫେରିଲା ବାଟରେ ବିଭିନ୍ନ ଦେଶ ବୁଲିବା ଏହି ବହିରେ ବର୍ଣ୍ଣନା କରାହୋଇଛି । ଇଣ୍ଟରନେଟ୍ ନଥାଇ ବାପା କିପରି ଏହି ବଡ଼ ବଡ଼ ଦେଶଗୁଡ଼ିକ ବୁଲିବା ଯୋଜନା କରୁଥିଲେ ବଡ଼ ଆଶ୍ଚର୍ଯ୍ୟ ଓ ପ୍ରଶଂସାର ପାତ୍ର ନିଶ୍ଚୟ ବାପା ।

ପୁସ୍ତକଟି ସମସ୍ତଙ୍କ ମନକୁ ପାଇଲେ ମୋତେ ବହୁତ ଖୁସି ମିଳିବ ।

- ଲେଖିକା

"ମନେପଡ଼େ ସେହିଦିନର
ବୋଷ୍ଟନ ସହର ଓ ବିଦେଶ ବୁଲା" ଉପରେ କିଛି ମନ୍ତବ୍ୟ

ଏହି ଲେଖାଟି ମୋର ଅନେକ ଦିନରୁ ଆରମ୍ଭ ହୋଇଥିଲେ ମଧ୍ୟ କାର୍ଯ୍ୟବ୍ୟସ୍ତତା ହେତୁ ଆଗେଇ ପାରିନଥିଲା ।

୧୯୬୩ର ବୋଷ୍ଟନ ଉପରେ ଲେଖିବା ପାଇଁ ମୋତେ ଅନେକ ଜଣ କହିଲେ କି ତୁମେ ଯେହେତୁ ୧୯୬୩ ମସିହାରେ ବୋଷ୍ଟନରେ କିଛିଦିନ କଟାଇଛ, ପୁଣି ଆଜିକାଲିର ବୋଷ୍ଟନ ଏବଂ ଭାରତ ଫେରିବାବେଳେ ଅନ୍ୟାନ୍ୟ ଦେଶ ପରିଭ୍ରମଣ ବିଷୟରେ କିଛି ଲେଖ । ନିଜର ସେହି ସମୟର ଅଭିଜ୍ଞତା କିଛି ବର୍ଣ୍ଣନା କରିବା ପାଇଁ, ତେଣୁ ମୁଁ ଏହି ଛୋଟ ବହିଟିରେ କିଛି ବର୍ଣ୍ଣନା କରିବାକୁ ଲେଖି ବସିଲି । ବାପା ଡ: ଗୋକୁଳାନନ୍ଦ ମହାପାତ୍ର, ବୋଉ କୁମୁଦିନୀ ମହାପାତ୍ର ବଞ୍ଚିଥିଲେ ଅନେକ କଥା ମୋତେ ମନେପକାଇ ଦେଇଥାନ୍ତେ । ସେ ଯାହାହେଉ ବାପାଙ୍କ ସଙ୍ଗେ ଲେଟ୍ ନାଇଟ୍ ଆମେରିକା ବିଷୟରେ ଗପ ଓ ବାପାଙ୍କର ଦୁଇ ଲୋକପ୍ରିୟ ଭ୍ରମଣ କାହାଣୀ 'ନୀଳ ଚକ୍ରବାଳ ସେପାରେ' ଏବଂ 'ପାଶ୍ଚାତ୍ୟ ସ୍ମୃତି' ଓ ବୋଉଙ୍କର ବହି 'ଆମେରିକାର ଘର ଓ ଘରଣୀ' । ଏହି ସବୁର ସାହାଯ୍ୟ ନେଇ ଆଜି "ବୋଷ୍ଟନ ସହରର କିଛି ଅଭୂଲା ସ୍ମୃତି"ର ଜନ୍ମ । ଛୋଟ ବେଳେ ଆମେରିକାରେ କିଛିବର୍ଷ କଟାଇବା ପୁଣି ଏବେ ଆମେରିକାରେ କିଛିଦିନ କଟାଇବାରେ ଅନେକ ଫରକ ମୁଁ ଦେଖିଲି । ଝିଅ, ଜ୍ୱାଇଁ, ପୁଅ, ବୋହୂ ପରିବାର ସହିତ ବିଦେଶରେ ରୁହନ୍ତି । ସମୟ ସମୟରେ ସେଠାକୁ ୪/୬ ମାସ ପାଇଁ ଯିବାକୁ ପଡ଼େ । କେତେ ଭିନ୍ନ ଲାଗେ ସେତେବେଳର ଚଳଣି ଏବଂ ଏବର ୨୦୨୨-୨୩ର ରହଣି ଚଳଣି ।

ଏହାର ଇଂରାଜୀ ଅନୁବାଦ ଖୁବ୍ ଶୀଘ୍ର ପ୍ରକାଶ ପାଇବ, ତେବେ ଆଜିର ପିଲା ଅନୁଭବ କରିପାରିବେ କି ସେତେବେଳର ଆମେରିକା କେତେ ଫରକ ଥିଲା ଆମେରିକାନ ଧଳା ଲୋକ ସ୍କୁଲରେ ଅଫିସ୍‌ରେ କେତେ ଆମକୁ ସ୍ନେହ ସହାନୁଭୂତି ଦେଖାଉଥିଲେ। ଆମକୁ ସେତେବେଳେ ଲାଗୁ ନଥିଲା କି ଅନ୍ୟ ଦେଶର ଲୋକ ସେମାନେ। ନହେଲେ ଭାରତୀୟଙ୍କ ସଂଖ୍ୟା ଖୁବ୍ କମ୍ ସେତେବେଳେ ଆମକୁ ଏକୁଟିଆ ଲାଗିଥାନ୍ତା। ବହିଟି ପଢ଼ିଲେ ଜାଣିପାରିବେ। ସେମାନେ କିପରି ଆମକୁ ସ୍ନେହ, ଶ୍ରଦ୍ଧାରେ ବୁଡ଼ାଇ ପକାଇଥାନ୍ତି। ବନ୍ଧୁତା ସେହି ଧଳା ଲୋକଙ୍କ ସଙ୍ଗେ ଗଢ଼ି ଉଠିଥିଲା। କାରଣ ଓଡ଼ିଆ ଲୋକ ବେଶ୍ କମ୍ ଭାରତୀୟ ଲୋକ କିଛି ଜଣଙ୍କ ସଙ୍ଗେ ବନ୍ଧୁତା। ଆମେରିକାନ୍ ଲୋକମାନେ ଆମଠାରୁ ଦୂରେଇ ରହୁନଥିଲେ। ଆମମାନଙ୍କୁ ତାଙ୍କ ପ୍ରେମରେ ବାନ୍ଧି ଦେଇଥିଲେ। ଆମ ବେଶ, ପୋଷାକ ଆଦି ବିଷୟ ଜାଣିବାକୁ ବହୁତ ଆଗ୍ରହ।

– ଲେଖିକା

ସୂଚୀପତ୍ର

ବୋଷ୍ଟନ ସହର

ଯେହେତୁ ବହିଟିରେ ବୋଷ୍ଟନରେ ଅଢ଼େଇ ବର୍ଷ ବିତାଇଥିବା ବିଷୟ ଆଲୋଚନା ହୋଇଛି । ବୋଷ୍ଟନ ବିଷୟରେ କିଛିଟା ଲେଖିବାକୁ ମନ ବଳାଇଲା ।

ବୋଷ୍ଟନ ସହର ମାସାଚିଉସେଟ୍‌ସ ରାଜ୍ୟର ରାଜଧାନୀ ଏବଂ ଏହି ରାଜ୍ୟର ବୃହତ୍ତମ ଓ ସର୍ବପ୍ରଥମ ସହର । ଯୁକ୍ତରାଷ୍ଟ୍ରର ବିଭିନ୍ନ ରାଜ୍ୟ ଭିତରେ ମାସାଚିଉସେଟସ ରାଜ୍ୟ ଜଳ ବିଦ୍ୟୁତ ଶକ୍ତିରେ ଖୁବ୍ ଉନ୍ନତ ଫଳରେ ଅସଂଖ୍ୟ କଳକାରଖାନା ଏହି ରାଜ୍ୟରେ ଦେଖିବାକୁ ମିଳେ ।

ଘର୍ଷଣ ପ୍ରସ୍ତର, ଗୋଳା, ବାରୁଦ, ଜୋତା ଓ ବୁଟ୍ ଜୋତା, କାର୍ପାସ, ଚମଡ଼ା, ଧାତବ ଯନ୍ତ୍ରପାତି, ଇଲେକ୍‌ଟ୍ରିକ୍ ଯନ୍ତ୍ରପାତି, ପ୍ଲାଷ୍ଟିକ୍, କାର୍ପେଟ, ଗାଲିଚା, ଘଡ଼ି ତିଆରି ପାଇଁ ଏହି ରାଜ୍ୟସାରା ଯୁକ୍ତରାଷ୍ଟ୍ରରେ ଅଗ୍ରଣୀ । ଶିଳ୍ପକୁ ଛାଡ଼ି ଏହି ଦେଶରେ କୃଷି ଓ ଗୋ-ପାଳନ ଏକ ବଡ଼ ବ୍ୟବସାୟ । ଏହି ରାଜ୍ୟରେ ପରମାଣୁ ଶକ୍ତିରୁ ବିଦ୍ୟୁତ୍ ଶକ୍ତି ଉତ୍ପାଦନ ପାଇଁ ଏକ ରିଆକ୍ଟର ଇତ୍ୟାଦି ପ୍ରତିଷ୍ଠା କରାଯାଇଛି ।

ଏହି ରାଜ୍ୟଟିକୁ ବୁଲାବୁଲି ପାଇଁ ପ୍ରତିବର୍ଷ ଅନେକ ଲୋକ ଆସିଥାନ୍ତି । ବିସ୍ତୃତ ସମୁଦ୍ର ଉପକୂଳ, ହ୍ରଦ ଉପକୂଳ, ସଂରକ୍ଷିତ ଜଳ ଓ ସୁନ୍ଦର ବଗିଚାମାନରେ ରାଜ୍ୟଟି ପୂରି ଯାଇଛି । ଏହାର ଲୋକସଂଖ୍ୟା ପ୍ରାୟ ସାତ ଲକ୍ଷ । ସହରଟି ନାନା ଐତିହାସିକ ସ୍ମୃତିରେ ପୂରି ରହିଛି ।

ବୋଷ୍ଟନ ଆମେରିକାର ପୂର୍ବ ଉପକୂଳରେ ଏକ ପ୍ରସିଦ୍ଧ ସହର । ଚାର୍ଲସ ଓ ମିଷ୍ଟିକ ନଦୀ ଦ୍ୱୟର ମୁହାଣରେ ଏହି ବନ୍ଦରଟି ଗଢ଼ି ଉଠିଛି । ଏହି ସହରରେ

ଆମ ରହଣୀ ଥିଲା ଅଢ଼େଇ ବର୍ଷ । ବାପା ତାଙ୍କ ଗବେଷଣାରେ ବ୍ୟସ୍ତ ମୁଁ ସେଠାକାର ସ୍କୁଲରେ ଜଏନ୍ କରିଥାଏ ବୋଉ ଆମର ଘରବାଲି । ମିସେସ୍ ଗୁଲୋଟି ଓ ବାପାଙ୍କର କଲିଗ୍‌ଙ୍କର ସ୍ତ୍ରୀ ମିସେସ୍ ଲୁଡେରଙ୍କ ସଙ୍ଗେ ମିଶି ଅନେକ ବେକରୀ ଜିନିଷ ଶିଖିବାକୁ ଲାଗିଲେ । କେତେବେଳେ ସେମାନେ ଆମ ଘରେ ଆସି ଶିଖାନ୍ତି ତ କେତେବେଳେ ସେମାନଙ୍କ ଘରକୁ ବୋଉଙ୍କୁ ନିମନ୍ତ୍ରଣ କରିଥାନ୍ତି । ଆଉ ଜଣେ ଜାପାନିଜ୍ ସାଙ୍ଗ ବୋଉଙ୍କର ମିସେସ୍ ଇସୋଙ୍କ ଠାରୁ ବୋଉ ପିଝା ଇତ୍ୟାଦି ଶିଖିଲେ । ଇଂରାଜୀ ଖୁବ୍ ଶୀଘ୍ର ଧରି ନେଇଥିବାରୁ ବୋଉ ସେମାନଙ୍କ ସଙ୍ଗେ କଥାବାର୍ତ୍ତା କରି ବେଶ୍ ଦୋସ୍ତି ଜମାଇଥାନ୍ତି । ଏହାଦ୍ୱାରା ଅନେକ ଗୁଡ଼ିଏ ଜିନିଷ ଶିଖି ପାରିଲେ ଭାରତ ଫେରିବା ପୂର୍ବରୁ ।

'ବୋଷ୍ଟନ କମନ' ନାମରେ ନାମିତ ଏକ ଯୁକ୍ତରାଷ୍ଟ୍ରରେ ସବୁଠାରୁ ପୁରୁଣା ସର୍ବସାଧାରଣ ପାର୍କ । ଏହା ୧୬୩୪ ମସିହାରେ ଗାଈ ଚରିବା ପାଇଁ ଏକ ପଡ଼ିଆ ଭାବରେ ସୃଷ୍ଟି ହୋଇଥିଲା । ଏହି ପଡ଼ିଆରେ ସ୍ୱାଧିନତା ସଂଗ୍ରାମର ନେତା ଏମରସନ୍ ପିଲାଦିନେ ତାଙ୍କ ମା'ଙ୍କର ଗାଈ ଚରାଇବାକୁ ଆଣୁଥିଲେ । ଆମେରିକା ସ୍ୱାଧୀନତା ସଂଗ୍ରାମ ବେଳେ ଇଂରେଜମାନେ ବୋଷ୍ଟନର ବନବାରହିଲ ଯୁଦ୍ଧ ପାଇଁ ଏଠାରେ ସେମାନଙ୍କର ସୈନ୍ୟ ସଜ୍ଜା କରିଥିଲେ । ମୋତେ ଭାରି ଖୁସି ଲାଗୁଥିଲା ବୋଷ୍ଟନ କମନ୍‌ରେ ଘଣ୍ଟା ଘଣ୍ଟା ସମୟ ବିତାଇବାକୁ । ଏହା ନାନା ଜାତିର ଗଛରେ ପୂର୍ଣ୍ଣ । ଗାନା, ବାଜଣା, ଅରକେଷ୍ଟ୍ରା ଆଦି ଶୁଣିବା ପାଇଁ ଏକ ଅଡିଟୋରିୟମ୍ ଅଛି । ଉଦ୍ୟାମ ମଝିରେ ଏକ ଛୋଟ ପୁଷ୍କରିଣୀର ନାଁ ହେଉଛି 'ଫ୍ରଗ୍ ପଣ୍ଡ' (Frog Pond) । ଗ୍ରୀଷ୍ମଦିନେ ପିଲାମାନେ ଏଠାରେ ପହଁରନ୍ତି ଏବଂ ଶୀତଦିନେ ଏହି ପୁଷ୍କରିଣୀଟି ଗୋଟାସାରା ବରଫ ପାଲଟି ଯାଉଥିବାରୁ ଏହା ଉପରେ ପିଲାମାନେ ସ୍କେଟିଙ୍ଗ୍ କରନ୍ତି ।

ଏହି 'ବୋଷ୍ଟନ୍ କମନ୍'ଟି ଉପରେ ଦେଖିବାକୁ ଯେପରି ବଡ଼ ଉଦ୍ୟାନ, ସେହିପରି ଏହାର ତଳେ ୩-୪ ଗୋଟି ବିରାଟ ଭୂଇଁ ତଳ ବା ସବ୍‌ୱେ ରେଳଷ୍ଟେସନ୍ ମଧ୍ୟ ଅଛି । ଭୂଇଁ ତଳ ଷ୍ଟେସନ୍‌ରେ ଅନେକ ଭୀଡ଼

ଅନବରତ ଲାଗିଥାଏ। ଦୁନିଆ ଦୋକାନ ବଜାର ଆଲୋକ ମାଳାରେ ଷ୍ଟେସନଟି ବିଭୂଷିତ।

ବୋଷ୍ଟନ କମନ ଉଦ୍ୟାନ, ଭୂଇଁତଳ ଷ୍ଟେସନ୍ ପାର୍କ ଷ୍ଟ୍ରିଟ୍ ଦେଖିସାରି 'ପବ୍ଲିକ୍ ଗାର୍ଡେନ୍' ଆହୁରି ସୁନ୍ଦର। ସେଠାରେ ହଜାର ହଜାର ଜାତିର ବିଭିନ୍ନ ରଙ୍ଗର ଫୁଲ ଅତି ଚମତ୍କାର। ଆମେରିକାର ବହୁ ବୈଜ୍ଞାନିକ, ଯୋଦ୍ଧା ଓ ଶାସକଙ୍କ ପ୍ରତିମୂର୍ତ୍ତି ରହିଛି। ଉଦ୍ୟାନ ଭିତରେ ଏକ ପୁଷ୍କରିଣୀ ତା' ଉପରେ ଏକ ସୁସଜ୍ଜିତ ପୋଲ। ସର୍ବସାଧାରଣଙ୍କର ବୁଲାବୁଲି ହଂସ ନୌକାମାନ ମଧ୍ୟ ରହିଛି। ଏକ ସାଙ୍ଗରେ ୪୦/୫୦ ଦର୍ଶକ ବସିପାରିବେ।

ଏହି ଆଡ଼େ ଆମେ ସମୟ ସମୟରେ ବୁଲି ଆସୁ କେତେବେଳେ ଏକା ପରିବାର ସହିତ ବା କାଁ ଭାଁ ଭାରତୀୟ ସାଙ୍ଗମାନଙ୍କ ସଙ୍ଗେ। ଥରେ ଥରେ ସେହି ଆମେରିକାନ୍ ପୁଅ, ଝିଅମାନେ ଆମ ପାଖକୁ ଆସି ଅନେକ ପ୍ରଶ୍ନରେ ଆମକୁ ବାନ୍ଧି ପକାନ୍ତି। ପୋଲାରଏଡ କ୍ୟାମେରାରେ ଆମର ଫଟୋ ଉଠାଇ ନିଜେ କପି ରଖନ୍ତି ଓ ଆମକୁ ଗୋଟାଏ ଗୋଟାଏ ଦେଇଥାନ୍ତି। ସେହି ସମୟରେ ଆମ ସାଙ୍ଗରେ ସମ୍ବନ୍ଧ ରଖିବାକୁ ବଡ଼ ଆଗ୍ରହୀ। ଆଜିକାଲି ଏହିଗୁଡ଼ିକର କମି ଦେଖିବାକୁ ମିଳେ। ହେବବା କିପରି ଭାରତୀୟ ଶାଢ଼ୀ ପିନ୍ଧା ଲୋକଙ୍କର ସଂଖ୍ୟା ବେଶ୍ ବଢ଼ିଗଲାଣି ସ୍କୁଲ, କଲେଜ, ବଜାର ଘାଟରେ। ବୋଷ୍ଟନର ଆଉ ଏକ ଦର୍ଶନୀୟ 'ପେନୁୟିଲ୍ ହଲ୍' ଏବଂ ଅନ୍ୟତମ। କ୍ରେଡଲ୍ ଅଫ୍ ଲିବର୍ଟି (Crodle of liberty) (State House) ଆଦି ଦର୍ଶନୀୟ ସ୍ଥାନ। ଏହାଛଡ଼ା ଅତି ପ୍ରସିଦ୍ଧ 'ସିମ୍ଫୋନି' ହଲ୍ ମଧ୍ୟ ଏକ ଦର୍ଶନୀୟ ସ୍ଥାନ।

ଏହାର ଅର୍କେଷ୍ଟ୍ରା (Archestra) ଯୁକ୍ତରାଷ୍ଟ୍ରରେ କାହିଁକି ସାରା ପୃଥିବୀରେ ପ୍ରସିଦ୍ଧ। ସେଠାରେ ସବୁ ଉଚ୍ଚକୋଟୀର ଅରକୋଷ୍ଟ୍ରା ଏବଂ ଅନେକ ପୁରାତନ ବାଦ୍ୟଯନ୍ତ୍ର ସଂରକ୍ଷିତ ହୋଇ ରହିଅଛି। ବୋଷ୍ଟନର ସୁବିଖ୍ୟାତ ଖବର କାଗଜ 'କ୍ରିଷ୍ଟିୟାନ ସାଏନ୍ସ' (Christian Science)ର ପ୍ରେସ୍ ଓ ଅଫିସ୍ ନିହାତି ଏକ ଦେଖିବାର କଥା। ଏଠାରେ ଏକ ବିରାଟ ସ୍ୱଚ୍ଛ ଓ ଘୂର୍ଣ୍ଣାୟମାନ

ଗ୍ଲୋବ୍ ଅଛି। ତାହା ବାସ୍ତବିକ ଦର୍ଶନୀୟ। ଏହି ଗ୍ଲୋବ୍ ଭିତରେ ଗୋଟିଏ କାଚର ପୋଲ ଅଛି, ଏହି ପୋଲଟି ଠିକ୍ ବିଷୁବରେଖା ଦେଇଯାଇଛି। ଗ୍ଲୋବ୍ ଭିତରେ ଥାଇ ଦର୍ଶକମାନେ ଏହି ଗ୍ଲୋବ୍‌ଟିକୁ ପୁରା ଦେଖିପାରନ୍ତି ଇକୁଏଟର ଉପରେ ବୁଲି ବୁଲି ଏହି ଗ୍ଲୋବର ନାମ ହେଉଛି 'ମା ପେରିୟମ୍'।

ପାଖରେ କେମ୍ବ୍ରିଜ୍, ହାରଭାଡ, ଏମ୍ଆଇଟି ଆଦି ସୁନ୍ଦର ସୁବିଖ୍ୟାତ ବିଶ୍ୱବିଦ୍ୟାଳୟ ଏବଂ ବାପା ଗବେଷଣା କରୁଥିବା ବ୍ରାଣ୍ଡାଇସ୍ ବିଶ୍ୱବିଦ୍ୟାଳୟ ମଧ୍ୟ କିଛି କମ୍ ନୁହେଁ। ତେଣୁ ଆମେ ସମୟ ସମୟରେ ଆମର ସେଗୁଡ଼ିକର ବୋଷ୍ଟନ ରହଣୀ ବେଶ୍ ଆନନ୍ଦମୟ ଥିଲା।

ବାପା କହିଲେ ଆମ ପିଲାମାନେ ଛୋଟ ହୋଇ ଏହି ବିଖ୍ୟାତ ବିଦ୍ୟାଳୟମାନ ବୁଲିବାକୁ ସୁଯୋଗ ପାଇଲେ। ବଡ଼ହେଲେ ସେସବୁରେ ପଢ଼ିବେ କି, ଆମ ପାଇଁ ଗର୍ବର ବିଷୟ। ଭାରତରେ ଥାଇ ଆମେରିକାର ବିଖ୍ୟାତ ୟୁନିଭରସିଟିରେ ପଢ଼ିବାକୁ ସୁଯୋଗ ପାଇବା ଏତେ ସହଜ ନୁହେଁ। ସେଠାରେ ପୁଅ ସୁରଜିତ କର୍ଣ୍ଣେଲ ୟୁନିଭରସିଟିରୁ ଏମ୍.ବି.ଏ., ଏମ୍.ଏସ୍. କଲା। ନାତୁଣୀ ଆଲିସା ପେନ୍‌ସିଲ୍ ଭେନିଆର ପ୍ରସିଦ୍ଧ ୟୁନିଭରସିଟି UPENN ବା Wharton ବିଜିନେସ ସ୍କୁଲରେ ଏବେ ଜଏନ୍ କରିଛି। ଆମ ପାଇଁ ବଡ଼ ଗର୍ବର ବିଷୟ ଅତି ଛୋଟ ବେଳେ ଆମେ ସେଇଠିକୁ ବୁଲି ଯାଇଥିଲୁ। ଆଲିଶା ଅପେକ୍ଷା କରିଛି ଅଜା ଆଈ କେବେ ଆସିବେ ଏବଂ ତା'ର ପ୍ରସିଦ୍ଧ ହ୍ୱାରଟନ୍ ବୁଲି ଦେଖିବେ। ଏବେ ନାତୁଣୀ କଲେଜକୁ ବୁଲି ଦେଖିବୁ। ଆଲିସା ଖୁସିରେ ଦିନ ଗଣୁଛି। ଅଜା, ଆଈ ମୋ' ୟୁନିଭରସିଟି ଦେଖିବେ ସେସବୁ ଆମକୁ ବୁଲାଇ ଦେଖାଇବ।

ବାପାଙ୍କର ଖୁସି କାହିଁରେ କ'ଣ। ନାତି ଆମେରିକାର ବିଖ୍ୟାତ ବିଶ୍ୱବିଦ୍ୟାଳୟମାନଙ୍କ ଭିତରୁ ଗୋଟିଏ କର୍ଣ୍ଣେଲ ୟୁନିଭରସିଟିରେ ପଢ଼ିବାକୁ ସୁଯୋଗ ପାଇଲା। କମ୍ପିଟିସନ୍ ଖୁବ୍ ଜୋରଦାର୍ ଥିଲା। ପୃଥିବୀର ବିଭିନ୍ନ ଦେଶରୁ ଅନେକ ପିଲା ଆସିଥାନ୍ତି। ବାପାଙ୍କର ଖୁସି କାହିଁରେ କ'ଣ। ମୋ' ନାତି ନ୍ୟୁୟର୍କର ବଡ଼ ବିଶ୍ୱବିଦ୍ୟାଳୟରୁ ଡିଗ୍ରୀ ପାଇପାରିଲା।

ଆମେ ସମୟ ସମୟରେ ବିଭିନ୍ନ ସ୍ଥାନକୁ ବଣଭୋଜି କରିବାକୁ ଯାଉ। ସବୁଠାରୁ ବେଶି ଉପଭୋଗ କରୁ। ୱାଲଥାମ ଠାରୁ ଅଳ୍ପ ଦୂରରେ ଥିବା କୋଚିଚ୍ୟୁଏଟ୍ ହ୍ରଦର ନୌକା ବିହାର ଓ ନିକଟସ୍ଥ ବଣରେ ବଣଭୋଜୀ। ଆମେରିକା ଛାଡ଼ିବା କିଛିଦିନ ପୂର୍ବରୁ ଆମେ ସମସ୍ତେ ୱାଲଥାମ ଠାରୁ ୭/୮ ମାଇଲ୍ ଦୂରରେ ଥିବା ଏହି ହ୍ରଦ ନିକଟକୁ ଯାଇଥିଲୁ। ବୋଷ୍ଟନରୁ ନିଉୟର୍କ ଯାଇଥିବା ମାସଚର୍ଣ୍ଣ ପାଇକ ହାଇୱେ ନିକଟରେ ଏହା ଅବସ୍ଥିତ। ସକାଳୁ ଜଳଖିଆ ଖାଇସାରି ବାହାରିଗଲୁ। ମଧ୍ୟାହ୍ନ ଭୋଜନ ପାଇଁ ସବୁକିଛି ତିଆରି କରି ସାଙ୍ଗରେ ନିଆଯାଇଥାଏ। ଆମ ଘରଠାରୁ ଅଧ ଘଣ୍ଟାଏ ଲାଗିଲା ଆମେ ପହଞ୍ଚିଗଲୁ କି ବିରାଟ ହ୍ରଦ। ଗୋଟାଏ ପାଖରୁ ଆର ପାଖକୁ ଆଖି ପାଉନଥାଏ। ହ୍ରଦ କୂଳରେ ଗୋଟିଏ ଛୋଟିଆ ବଣ ସେଠାରେ ନାନାପ୍ରକାର ବୃକ୍ଷଲତା ସୁନ୍ଦର ସୁନ୍ଦର ଫୁଲରେ ଭରପୂର। ହ୍ରଦ କୂଳରେ ଅସଂଖ୍ୟ ନୌକା ନିଜ ନିଜ ଗାଡ଼ିରେ ଗୋଟାଏ ଗୋଟାଏ ନୌକା ଧରି ପରିବାର ସହିତ ସେଠାକୁ ଆସିଥାନ୍ତି। ଆମେ ମଧ୍ୟ ଆମର ଆସବାବପତ୍ର, ଖାଦ୍ୟପଦାର୍ଥ, ରେଡ଼ିଓ, କ୍ୟାମେରା, ବାଇନୋକ୍ୟୁଲାର ଆଦି ଧରି ଗୋଟାଏ ବସିବା ସ୍ଥାନ ଠିକ୍ କଲୁ।

ସେଠାରେ କେତେଜଣ ଆଗରୁ ଆସି ରନ୍ଧା ରନ୍ଧିରେ ଲାଗିଯାଇଥାନ୍ତି। ଅନେକ ପରିବାର ଆସିଥାନ୍ତି ଆମେ କେବଳ ଏକ ଭାରତୀୟ ପରିବାର ଓ ଆମ ସଙ୍ଗରେ ଥା'ନ୍ତି ଏମ୍ଆଇଟିରେ ପଢୁଥିବା (ଏବେ ରାଉରକେଲା ଇଞ୍ଜିନିୟରିଂ କଲେଜର ପୂର୍ବତନ ପ୍ରିନ୍ସିପାଲ) ସୋମନାଥ ମିଶ୍ର। ସେ ଯେତେବେଳେ ଫ୍ରି ଥାଆନ୍ତି ଆମ ସଙ୍ଗରେ ମିଶିଥାନ୍ତି। ଏକୁଟିଆ ଲୋକ ଆମ ପରିବାରର ଏକ ସଦସ୍ୟ କହିଲେ ଚଳେ। ଆମମାନଙ୍କ ସଙ୍ଗେ ବଲ୍ ଇତ୍ୟାଦି ଖେଳନ୍ତି। ଆମେ ବଲ୍ ଇତ୍ୟାଦି ବିଭିନ୍ନ ଖେଳ ସାଙ୍ଗରେ ନେଇଥାଉ। ଆମର ବନ୍ଧୁ କହିଲେ ସୋମନାଥ ମଉସା ଓ ପରେ ପରେ ଡ. ଭାସ୍କର ଦାସ। ଭାସ୍କର ମଉସା ଆମ ଘରେ କିଛିଦିନ ରହୁଥିଲେ। ସେହି ସମୟରେ ଓଡ଼ିଆ ଲୋକଟିଏ ଦେଖିଲେ ବିକଳ ଲାଗେ। ଭାସ୍କର ମଉସା (ଡ. ଭାସ୍କର ଦାସ) ଆମ ଘରେ ଅନେକ ଦିନ

ପରିବାରର ଲୋକ ହୋଇ ରହିଥିଲେ । ସେ ଏକୁଟିଆ ଯାଇଥାନ୍ତି ପରିବାର ଭାରତରେ ଛାଡ଼ି । ମୋତେ ଓ ମୋ' ଛୋଟ ଭାଇ ବାଚୁଲିନ୍‌କୁ ଦେଖି ସେ ନିଜ ପିଲା ଛୁଆଙ୍କୁ କିଛିଟା ଭୂଲନ୍ତି । ଆମ ଦୁଇଜଣଙ୍କ ସଙ୍ଗରେ ବେଶ୍ ସମୟ କଟାନ୍ତି ।

ଏଠାରେ ଏକ ଘଟଣା ମନେ ପଡ଼ିଲା । ଆମ ଠାରୁ ଅଳ୍ପ ଦୂରରେ ଆମେରିକାନ୍ ପରିବାର ବସିଥାନ୍ତି । ସ୍ୱାମୀ, ସ୍ତ୍ରୀ ଚାରୋଟି ପିଲା ଓ ବୁଢ଼ୀମା । ହ୍ରଦ ଠାରୁ ଅଳ୍ପ ଦୂରରେ ସେମାନଙ୍କ ଘର । ଭଦ୍ରଲୋକଟି ବଡ଼ ଚାକିରୀ କରନ୍ତି ପରେ ସବୁ ଜାଣିବାକୁ ପାଇଲୁ । ତାଙ୍କର ଗୋଟିଏ ନୌକା ସାଙ୍ଗରେ ଆଣିଥାନ୍ତି ନୌକାବିହାର କରିବା ପାଇଁ । ସେହି ସ୍ୱାମୀ-ସ୍ତ୍ରୀ ଦୁହିଁଙ୍କର କ'ଣ ମନ ହେଲା ଆମକୁ ଆସି ଅନୁରୋଧ କଲେ ତାଙ୍କ ନୌକାରେ ଆମ ସମସ୍ତଙ୍କୁ ହ୍ରଦ ଭିତରେ ବୁଲାଇ ଆଣିବେ । ହଠାତ୍ ଆମେ କିଛି ବୁଝିପାରିଲୁ ନାହିଁ । ସେମାନଙ୍କର ଏକାଧିକବାର ଅନୁରୋଧରେ ରାଜି ହେଲୁ । କୋଚିଟୁଏଟ ହ୍ରଦ ଲମ୍ବରେ ୧୬ ମାଇଲ୍ ଓସାର ୨-୩ ମାଇଲ୍‌ରୁ କମ୍ ନୁହେଁ । ବୁଝିପାରିଲୁନି ଭଦ୍ରଲୋକ ଆମ ପାଇଁ ଏତେ କଷ୍ଟ କରିବେ, ନିଜେ ପେଟ୍ରୋଲ୍ ଖର୍ଚ୍ଚ କରି ଆମକୁ ବୁଲାଇବେ । ଅଦ୍ଭୁତ ଖିଆଲ ମଧୁର କଥା ସ୍ୱାମୀ-ସ୍ତ୍ରୀ ଦୁହିଁଙ୍କର । ପୁଣି କହିଲେ "ଆପଣମାନେ ଆମର ଅତିଥି" । ଆପଣମାନେ ଆମ ଦେଶକୁ ଆସିଛନ୍ତି ଆପଣମାନଙ୍କୁ ବୁଲାଇବାର ସୌଭାଗ୍ୟ ଆମକୁ କ'ଣ ଦେବେ ନାହିଁ । କି ଅଦ୍ଭୁତ ବନ୍ଧୁତା ସେତେବେଳର ଆମେରିକା ଲୋକଙ୍କର । ଭାରତୀୟଙ୍କ ପ୍ରତି କି ଅପୂର୍ବ ଶ୍ରଦ୍ଧା । ସେତେବେଳର ବୋଷ୍ଟନ ସହରରେ ଆଶ୍ଚର୍ଯ୍ୟ ଲାଗେ ଏବେ ଭାବିଲେ । ଆମେ ରାଜି ହୋଇଗଲୁ । ଆମେ ପ୍ରାୟ ଦୁଇଘଣ୍ଟା ବୁଲିଲୁ ସେହି ହ୍ରଦ ଭିତରେ । ଭଦ୍ରଲୋକ ନିଜେ ନୌକାଟି ଚଳାଇଥାନ୍ତି । ଚଳାଇଲା ବେଳେ ହ୍ରଦର ଇତିହାସ, ଏଥିରେ ପାଣି କେତେ ? ଏଥିରେ କେତେ ମାଛ ଛଡ଼ା ଯାଇଛି, ମାଛ ଆମଦାନୀ ଏଥିରୁ କେତେ ହୁଏ । ସେମାନେ ମଧୁର ପାଣି ମାଛ ଖାଇବାକୁ ଭଲ ପାଆନ୍ତି କି ନାହିଁ । ଏହି ହ୍ରଦର ପାଣି ଏକ ସମୟରେ ପାନୀୟ ଜଳ ଭାବରେ ଘରମାନଙ୍କୁ ଯୋଗା ଯାଇଥିଲା ଓ ପୁଣି ବନ୍ଦ ହୋଇଗଲା । ଏସବୁ ଗୋଟି ଗୋଟି ବୁଝାଇ କହୁଥାନ୍ତି,

ଯେମିତି ଆମେମାନେ ତାଙ୍କର ଜଣାଶୁଣା । ଶେଷରେ ସବୁଠାରୁ ବେଶି ମଜା ହେଲା ସେ ଯେତେବେଳେ ମୋ ଛୋଟ ଭାଇ ବାବୁଲିନ୍‌କୁ ଡାକିଲେ ନୌକା ଚଳାଇବା ପାଇଁ । ଆଶ୍ଚର୍ଯ୍ୟ କଥା ଭଦ୍ରଲୋକଙ୍କର ନିର୍ଦ୍ଦେଶରେ ମୋ ଛୋଟ ଭାଇ ଷ୍ଟିଅରିଂ ଧରି ନୌକା ଚଳାଇପାରିଲା ପୁଣି ଅଳ୍ପ ବାଟ ନୁହେଁ, ପ୍ରାୟ ୩/ ୪ ମାଇଲ । ବଡ଼ ଖୁସି ଲାଗିଲା ନୂଆ ବନ୍ଧୁଙ୍କର ବ୍ୟବହାର । ସୋମନାଥ ମଉସା ମଧ୍ୟ କାହିଁରେ କ'ଣ ଖୁସି । ତାଙ୍କୁ ଅଶେଷ ଧନ୍ୟବାଦ ଦେଇ ଫେରିଲୁ ଆମ ବସିବା ସ୍ଥାନକୁ । ପୂର୍ବଭଳି ଶହ ଶହ ପ୍ରଶ୍ନ କେତେ ଉତ୍ତର ଦେବୁ । ସବୁକଥା ଟିକିନିଖି ପଚାରି ବୁଝିବେ, ତେବେ ଯାଇ ଯିବେ । ସେତେବେଳର ଆମେରିକାର ଏହିପରି ଥିଲା । ଉଦାର ହୃଦୟ ଭାରତୀୟଙ୍କ ପ୍ରତି ବିରାଟ ଶ୍ରଦ୍ଧା ଏବଂ ଅଲୌକିକ ଅତିଥି ବତ୍ସଳତାର ଅପୂର୍ବ ନିଦର୍ଶକ ଆଶ୍ଚର୍ଯ୍ୟ ଲାଗେ ଆଜିର ଆମେରିକାନ୍ ଲୋକଙ୍କୁ ଦେଖିଲେ । ସେସବୁ କୁଆଡ଼େ ଉଭେଇ ଗଲା ।

ଆମ ଘରବାଲି ମିସେସ୍ ଗୁଲୋଟି ବୋଉଙ୍କୁ ନିଜ ଝିଅ ଭଳି ଭଲପାଉଥିଲେ, ଯେତେ ଆମେ ବୋଷ୍ଟନ ଛାଡ଼ିଲୁ କି କାନ୍ଦ ବାପା କୁହନ୍ତି ଝିଅ ବିଦା ହେଲାବେଳେ ମା'ମାନେ ଏହିପରି କାନ୍ଦନ୍ତି । କାହିଁଗଲା ସେପରି ସ୍ନେହ ଆଦର ଆଜିକାଲି ଏତେ ଭାରତୀୟ ଭର୍ତ୍ତି କାହାକୁ ଆଦର କରିବେ, କାହାଠାରୁ ଶୁଣିବେ ଭାରତର ଚାଲିଚଳନ ଇତ୍ୟାଦି ।

ଆଜିର ଆମେରିକାନ ଲୋକ ବହୁତ ଭଲ ନିଶ୍ଚୟ କିନ୍ତୁ ଏତେଟା ବନ୍ଧୁତା ଦେଖାଯାଏ ନାହିଁ; ନିଜ ନିଜ କାମରେ ବ୍ୟସ୍ତ ଥାଆନ୍ତି । ସେଠାକାର ଲୋକେ ଆମ ଲୋକଙ୍କ ଭଳି ସରଳ, ପରୋପକାରୀ, ଉଦାର, ଭାରତପ୍ରେମୀ ସେମାନଙ୍କ ପ୍ରତି ଆମର ଯଥେଷ୍ଟ ଶ୍ରଦ୍ଧା ଓ ସମ୍ମାନ । ଆଜି ପର୍ଯ୍ୟନ୍ତ ବୋଷ୍ଟନର କିଛି ସାଙ୍ଗସାଥି ଚିଠି ଓ ୱାଟସ୍‌ଅପ୍‌ରେ ସମ୍ପର୍କ ରଖିଛନ୍ତି । ମୋ' ସ୍କୁଲ ଶିକ୍ଷୟିତ୍ରୀ, ମିସେସ୍ କ୍ୟାରୋଲିନ୍ କ୍ଲୁଷ୍ଟୋଙ୍କ ଠାରୁ ଆଜି ପର୍ଯ୍ୟନ୍ତ କିଛି କିଛି ଚିଠି ଓ ଫଟୋ ପହଞ୍ଚୁଥାଏ । ଏତେ ବର୍ଷର ନିବିଡ଼ ସମ୍ପର୍କ ଇତ୍ୟାଦି ବିଷୟରେ ଲେଖିବା ପାଇଁ ମୋ ମନ ଟାଣିଲା । ଯଦିଓ ମୁଁ ଛୋଟ ଥିଲି, ଭୁଲି ହୁଏ ନାହିଁ ସେଦି ଦିନଗୁଡ଼ିକ ଏତେଦିନ ପରେ ମଧ୍ୟ । ଦରିଆପାରିର ସମ୍ପର୍କ ଆଦି ମଧ୍ୟ ସେହିପରି ଅଛି ।

ମନେପଡ଼େ ବୋଷ୍ଟନରେ ବିତେଇଥିବା ଅଢ଼େଇ ବର୍ଷ । ସାଙ୍ଗସାଥି କିଛି ଜଣ ଆଜି ପର୍ଯ୍ୟନ୍ତ ଚିଠି ଓ ୱାଟ୍‌ସ୍‌ଆପ୍‌ରେ ଯୋଡ଼ି ହୋଇଛନ୍ତି ସାଙ୍ଗ ଜେନି, ଲିସା, ମୋ ଶିକ୍ଷୟିତ୍ରୀ ମିସେସ୍ କ୍ୟାରୋଲିନ୍ କରୁସୋ ୱାଲଥାମ ନିଉହଲ୍ ସ୍କୁଲର ଶିକ୍ଷୟିତ୍ରୀ । ଏହି ଥର ମାର୍ଚ୍ଚରେ ଗଲେ ଇଉଏସ୍‌ଏ ଚେଷ୍ଟା କରିବି ଭେଟିବା ପାଇଁ । କିଛି ବର୍ଷ ପରେ ଝିଅ ଜ୍ୱାଇଁଙ୍କ ସଙ୍ଗେ ଯାଇ ଜେନି ଓ ତା’ ମାମୀଙ୍କ ସଙ୍ଗେ ଭେଟ ହୋଇଥିଲା । କି ଖୁସି ତାଙ୍କର ପୁରୁଣା ଦିନର ଫଟୋ ସାଇତି ରଖିଛନ୍ତି ଗୋଟି ଗୋଟି ଦେଖାଇ ପକାଇଲେ ।

ମୋ’ ଶିକ୍ଷୟିତ୍ରୀ, କ୍ୟାରୋଲିନ୍ କ୍ରୁଶୋ ମୋତେ ତାଙ୍କ ଘରେ ଗୋଟିଏ ଦିନ ବିତାଇବା ପାଇଁ ନିମନ୍ତ୍ରଣ କରିଥିଲେ । ନିଜେ ଆସି ରବିବାର ଦିନ ଆମ ଘରୁ ମୋତେ ନେଇଯାଇଥିଲେ ତାଙ୍କର ଛୋଟ ଛୋଟ ପୁଅ ଝିଅଙ୍କ ସଙ୍ଗେ ମୁଁ ପୁରାଦିନ କଟାଇଥିଲି ସନ୍ଧ୍ୟା ବେଳକୁ ଉପହାର ସହିତ ମୋତେ ଘରେ ଛାଡ଼ିଥିଲେ । ଏହା ଥିଲା ଆମେ ଅଢ଼େଇ ବର୍ଷ ପରେ ଭାରତ ଫେରିବା ସମୟ । ମୋତେ ସେମାନେ ଏକ ସ୍ୱତନ୍ତ୍ର ଛାତ୍ରୀ ଭାବୁଥିଲେ । ଦୂର ଦେଶରୁ ଆସିଛି ଏବଂ ଏକ ବୈଜ୍ଞାନିକଙ୍କର ଝିଅ । ଆମ ସ୍କୁଲରେ ସେମାନଙ୍କର ବଡ଼ ଗର୍ବ । ପିଲାମାନେ ମଧ୍ୟ ମୋତେ ବହୁତ ଭଲପାଉଥିଲେ । ସେହି ଅଢ଼େଇ ବର୍ଷ ମୋର ବହୁତ ଖୁସି ଥିଲା ବୋଷ୍ଟନରେ । ଭାରତର ଛୁଆ ବା ପରିବାର କେହି କେବେ ଦେଖି ନଥିଲେ । ମୁଁ ସେହି ଧଳା ଛୁଆଙ୍କ ମେଳରେ ପୁରା ଅଲଗା । ପୁରା ସ୍କୁଲର ଅସଂଖ୍ୟ ଛାତ୍ରଛାତ୍ରୀଙ୍କ ଭିତରେ ମୁଁ ପୁରା ଭିନ୍ନ ।

ପରିବାର ସହିତ ବୋଷ୍ଟନରେ ଅଢ଼େଇବର୍ଷ
(ନିଜ ଅଭିଜ୍ଞତା)

୧୯୬୩ର ଜୁନ୍ ମାସ ୨୧ ତାରିଖ ବୁଧବାର ଜୀବନର ବିଶିଷ୍ଟ ଦିନମାନଙ୍କ ଭିତରୁ ଗୋଟିଏ । ସୂର୍ଯ୍ୟୋଦୟ ସଙ୍ଗେ ସଙ୍ଗେ ଘରେ ଚହଳ ପଡ଼ିଗଲା କି ମୋ ବାପା-ମା’ ମୋ’ ଛୋଟ ଭାଇ ଓ ମୁଁ ଆମେ ଚାରିଜଣ ଯୁକ୍ତରାଷ୍ଟ୍ର ଆମେରିକା ଅଭିମୁଖେ ଯାତ୍ରା କରିବୁ । ଆମେରିକାର ବ୍ରାଣ୍ଡାଇସ୍ ବିଶ୍ୱବିଦ୍ୟାଳୟର ପୋଷ୍ଟ ଡକ୍ଟରାଲ୍ ବୃତ୍ତି ପାଇଥିବା ଯୋଗୁଁ ମୋ’ ବାପା ଡ: ଗୋକୁଳାନନ୍ଦ ମହାପାତ୍ର ସେଠାରେ ରସାୟନ ବିଜ୍ଞାନରେ ଉଚ୍ଚତର ଗବେଷଣା କରିବା ପାଇଁ ଯିବାର ପ୍ରୋଗ୍ରାମ ।

ଆଜିକାଲି ପରି ବିଦେଶ ଯିବାଟା ଲୋକେ ଏତେ ସହଜ ମନେ କରୁନଥିଲେ । ବନ୍ଧୁବାନ୍ଧବ, ଜ୍ଞାତି, କୁଟୁମ୍ବ ଆଗ ଚାରିଦିନରୁ ଆସି ଆମକୁ ବିଦାୟ ଦେବା ପାଇଁ କଟକ ଘରେ ଭିଡ଼ ଆରମ୍ଭ କରିଦେଲେଣି । ସେତେବେଳର ଚିନ୍ତାଧାରା ତ ଅନେକ ଫରକ । ଦେଶ ଛାଡ଼ି ଅନ୍ୟ ଏକ ଦେଶକୁ ବର୍ଷ ବର୍ଷ ପାଇଁ ଯିବା ଘଣ୍ଟା ଘଣ୍ଟା ଜେଟ୍ ଜାହାଜରେ ବସି । ଏହା ଥିଲା ଖୁବ୍ ବଡ଼ କଥା । ତେଣୁ ବନ୍ଧୁଙ୍କୁ ଭେଟି ବିଦାୟ ଦେବା ସେମାନେ ଭାବୁଥିଲେ ଏହା ଏକ ବଡ଼ କର୍ତ୍ତବ୍ୟ । ଆଜିକାଲି ଆମେରିକା ଯିବାଟା କଲିକତା, ଦିଲ୍ଲୀ ଯିବାଭଳି ଲାଗେ । କିଏ ମାସରେ ଥରେ ତ କିଏ ଦୁଇ ମାସରେ ଥରେ ଆମେରିକା କାନାଡ଼ା ଇତ୍ୟାଦି ଦୂର ଦେଶମାନଙ୍କୁ ଯାଉଥାନ୍ତି । ନିୟମିତ ଭାବରେ ବିଦେଶ ଯାଉଥାନ୍ତି । ଆଜିକାଲି ପ୍ରତ୍ୟେକ ଘରେ ଘରେ ପିଲା ବିଦେଶରେ ଚାକିରୀ କରନ୍ତି ।

ସେମାନଙ୍କର ଛୁଟି ଅତି କମ୍ ମିଳେ, ତେଣୁ ବାପା-ମା'ମାନଙ୍କୁ ସମୟ ସମୟରେ ଯିବାକୁ ପଡ଼େ ପିଲାଙ୍କୁ ସାହାଯ୍ୟ କରିବାକୁ। ପିଲାଙ୍କୁ ହଇରାଣ ହେବାକୁ ନଦେଇ ଦୟାଳୁ ବାପା-ମା' ବିଦେଶରେ ଥିବା ପିଲାଙ୍କ ପାଖକୁ ୧୭ ଘଣ୍ଟା ଜେଟ୍ ବିମାନରେ ବସି ଯାଇଥାନ୍ତି। ନିଜର ପିଲାକୁ ହଇରାଣ ହେବାକୁ ଦିଆଯାଏ ନାହିଁ। ସେମାନେ ଅତିଟା ପରିଶ୍ରମ କରୁଥାନ୍ତି ଦିନରାତି ଅଫିସ୍ କାମ, ଘରକାମ ଇତ୍ୟାଦି। କମ୍ପ୍ୟୁଟର ସମ୍ମୁଖରେ ଘଣ୍ଟା ଘଣ୍ଟା ବସିଥାନ୍ତି। ସେମାନଙ୍କୁ ସାହାଯ୍ୟ କରିବା ବାପା-ମା'ଙ୍କର ଉଦ୍ଦେଶ୍ୟ।

କିନ୍ତୁ ୧୯୬୩ ମସିହା ବେଳର କଥା ଥିଲା ଭିନ୍ନ। ଏକା ଏକା ପରିବାର ବିନା ଉଚ୍ଚତର ଗବେଷଣା କରିବା ପାଇଁ ଯାଉଥାନ୍ତି। ଆମର ଥିଲା ପ୍ରଥମ ବିଦେଶ ଯାତ୍ରା ପୁଣି ପରିବାର ସହିତ ବୋଉ ଓ ସାଙ୍ଗରେ ଦୁଇଟି ଛୋଟ ପିଲା, ମୁଁ ଓ ମୋ' ଛୋଟ ଭାଇ ବାବୁଲିନ୍ ଖୁବ୍ କମ୍ ଲୋକ ପରିବାର ସହିତ ଯାଆନ୍ତି ବିଦେଶ। କଟକ ଛାଡ଼ିବା ପୂର୍ବରୁ ସାଧାରଣ ରୀତିରେ ବନ୍ଧୁବାନ୍ଧବ ସାଙ୍ଗସାଥୀଙ୍କ ଘରକୁ ନିମନ୍ତ୍ରିତ ହୋଇ ସମ୍ବର୍ଦ୍ଧିତ ହେବା କାମ ସବୁ ସରିଥାଏ। ଏହା ଥିଲା ସେତେବେଳର ପ୍ରଥା। ବିଦେଶ ଗଲେ ନିହାତି ନିମନ୍ତ୍ରଣ କରାହୁଏ। ସେତେବେଳେ ଆମେରିକାରେ ଭାରତୀୟ ଷ୍ଟୋର୍ ଆଦୌ ନଥାଏ। ତେଣୁ ମନେକରି ଅନେକ ଜିନିଷ ସାଙ୍ଗରେ ନେବାକୁ ପଡୁଥାଏ। ଶେଷ ମୁହୂର୍ତ୍ତ ପର୍ଯ୍ୟନ୍ତ ଏହି ଜିନିଷ ଯିବ କି ସେ ଜିନିଷ ଯିବ ପିଲାର କେଉଁ ଜିନିଷ ରହିଗଲା ତ ସେ ଜିନିଷ ଗଲାନାହିଁ ମୋର ଏ ଜିନିଷ ନନେଲେ ଚଳିବ ନାହିଁ ଆଦି ତାଗିଦ୍ ଲାଗିଥାଏ। ଭାରତୀୟ ଜିନିଷ ଆମେରିକାରେ ମିଳିବ ନାହିଁ। ତେଣୁ ଭୟରେ ସବୁ ଖୋଜା ଖୋଜି କରି ରଖାଯାଉଥାଏ। ସେହି ସମୟରେ ବିଦେଶ ଯିବା ବହୁତ ବଡ଼ ବୋଲି ଧରାଯାଇଥାଏ। ସେଥିପାଇଁ ନାନାଦି ଚିନ୍ତା ଲାଗି ରହିଥାଏ।

ସେହି ସମୟରେ ଓଡ଼ିଶାରୁ ପ୍ରାୟ କୋଚିତ୍ ଲୋକ ଆମେରିକା ଯାଉଥିଲେ। ଅଳ୍ପ କିଛି ପୁରୁଷ ଲୋକ ଉଚ୍ଚତର ପାଠ ପଢ଼ିବା ପାଇଁ ଯାଉଥିଲେ। ସେହି ସମୟରେ ସେଠାରେ ଖୁବ୍ ଅଳ୍ପ ଚାରି ପାଞ୍ଚଜଣ ଓଡ଼ିଆ ଲୋକ ଥିଲେ କି

ନାହିଁ ସନ୍ଦେହ । ପରିବାର ଥିବା ତ ସ୍ୱପ୍ନ, ଆଜିକାଲି ଅବଶ୍ୟ ସେଦିନ ନାହିଁ । ସେଠାରେ ଓଡ଼ିଆ ପରିବାରର ପୁଅ ଝିଅଙ୍କର ସଂଖ୍ୟା କାହିଁରେ କ'ଣ । ଘରେ ଘରେ ପିଲା ଆଜି ବିଦେଶରେ । ଆଜିକାଲି ଆଗଭଳି ଉଚ୍ଚତର ଗବେଷଣା ପାଇଁ ଯାଉନାହାନ୍ତି, ଯାଉଛନ୍ତି ସେଠାରେ ଭଲ ଚାକିରି କରି ଅଜସ୍ର ଡଲାର ରୋଜଗାର ପାଇଁ । ସେ ଦେଶରେ ଚାକିରୀ ଅପର୍ଯ୍ୟାପ୍ତ, ଅସୁବିଧା ନାହିଁ । ଆମ ପିଲେ ବଡ଼ ଦାମୀ ଗାଡ଼ି, ଘର ୪/୫ କିଣିପାରୁଛନ୍ତି ସେତିକି ରୋଜଗାରରେ । ଆମେ ଗଲାବେଳେ ଏହିସବୁ ଚିନ୍ତାଧାରା ନଥିଲା କିଏ କାଁ ଭାଁ ଲୋକ ଓଡ଼ିଶାରୁ ଉଚ୍ଚତର ଶିକ୍ଷା ପାଇଁ ଯାଉଥିଲେ କିଛିଦିନ ପାଇଁ ପୁଣି ନିଜ ଦେଶକୁ ଫେରିଆସୁଥିଲେ । ଏବେ ଯୁଗ ବଦଳିଛି । ବଡ଼ ବଡ଼ ଆଶା ମନରେ ଭରିଛି । ନିଜ ଦେଶକୁ ଫେରିବା ଆଜିକାଲି ପିଲାମାନଙ୍କର ସ୍ୱପ୍ନ । କାହିଁକି ବା ନହେବ ପଇସା ରୋଜଗାର, ସ୍ୱାସ୍ଥ୍ୟକାର ପରିବେଶ, ନିଜର ସ୍ୱାଧୀନତା ଇତ୍ୟାଦି ଦ୍ୱାରା ପ୍ରଭାବିତ ହୋଇଯାଆନ୍ତି; କିନ୍ତୁ ଦୁଃଖର କଥା ବାପା-ମା' ଦିନ ଦିନ ଏକା ଏକା ପୁଅ ଝିଅ ନାତିନାତୁଣୀ ବିନା ସମୟ କଟାନ୍ତି । କେତେ ଆଉ ଭିଡ଼ିଓ ମାଧ୍ୟମରେ ଦେଖିବେ ବା କଥା ହେବେ । ପାଖରେ ପିଲାଛୁଆଙ୍କୁ ପାଇବା ଆଶା ମନରେ ମରିଯାଏ । ପିଲା ଓ ନାତି ନାତୁଣୀଙ୍କ ସଙ୍ଗେ କିଛିଦିନ କଟାଇବାକୁ ଯାଉଛନ୍ତି ବାପା, ମା'ମାନେ । ପିଲାଙ୍କୁ କିଛିଟା ସାହାଯ୍ୟ କଲେ ସେମାନଙ୍କୁ ଶାନ୍ତି ମିଳେ । କାରଣ ଯେଉଁମାନେ ଏଠାରେ ଥିଲାବେଳେ ନିଜ ହାତରେ ପାଣି ଗ୍ଲାସ୍‌ଟିଏ ପିଇବାକୁ ଇଚ୍ଛା କରୁନଥିଲେ । ଆଜି ଗୋଟି ଗୋଟି ମାନେ ଅଫିସ୍ କାମ ଓ ଘର କାମ ନିଜେ କରୁଥାନ୍ତି । ବାପା-ମା'ମାନଙ୍କ ଆଖିରେ ଲୁହ ଆସିଯାଏ ଦେଖିଲେ । ୫ ଦିନ ଜୋରଦାର କାମ କରନ୍ତି ଓ ଶନିବାର, ରବିବାର ଧୁମ୍ ବୁଲାବୁଲି କରନ୍ତି ପରିବାର ସହିତ । ଏହିପରି ସେ ଦେଶର ଚଳଣି ଆଜିକାଲି ।

ସେ ଯାହାହେଉ ଆମ ଯିବା ଯେତେ ପାଖେଇ ଆସୁଥାଏ । ପ୍ରଥମ ଥର ଜେଟ୍ ଜାହାଜରେ ଯାଉଥିବାରୁ ମନ ଭିତରେ ବେଶ୍ ଭୟ ହେଉଥାଏ । ପୁଣି ଜେଟ୍ ଜାହାଜ ବୋଉଙ୍କର ଚିନ୍ତା ଆମେ ସିନା ସହିବା ପିଲା ଦୁଇଟି ଜେଟ୍

ଜାହାଜର ଗ୍ରପ ଓ ବେଗ ୧୦,୦୦୦ ମାଇଲ୍ ସହିପାରିବେ ତ। ବେଶ୍ ଭୟ ଥାଏ ଲୋକଙ୍କର। ପରିବାର ନେଇକରି ଯିବା ଆମେ ପ୍ରାୟ ଶୁଣି ନଥାଉ।

ସମସ୍ତଙ୍କ ଠାରୁ ବିଦାୟ ନେଇ ଆମେ କଟକ ଷ୍ଟେସନରେ ଠିକ୍ ସମୟରେ ପହଞ୍ଚିଗଲୁ। ସେତେବେଳର ଆତ୍ମୀୟତା ଥିଲା କେତେ ଗଭୀର। ଅନେକ ବନ୍ଧୁ ସହକର୍ମୀ, ସାଙ୍ଗ ଆତ୍ମୀୟ ଆମକୁ ବିଦାୟ ଦେବା ପାଇଁ ଆମ ସହିତ ଷ୍ଟେସନ ଆସିଥାଆନ୍ତି। ଅଦ୍ଭୁତ ଥିଲା ସେ ବିଦାୟୀ। ଏତେ ଲୋକ ଭର୍ତ୍ତି ପ୍ଲାଟ୍‌ଫର୍ମରେ। ଗ୍ରହୁଁ ଗ୍ରହୁଁ ଗାଡ଼ି ଆସିଗଲା ଏବଂ ବହୁବର୍ଷର ପରିଚିତ ଏହି କଟକ ସହର ଓ ଏହି ସହରର ଅଗଣିତ ସାଙ୍ଗସାଥି ବନ୍ଧୁବାନ୍ଧବ ସବୁକିଛି ଛାଡ଼ି କେଉଁ ଏକ ଦୂରଦେଶକୁ ଯିବାକୁ ପଡ଼ିବ ମନ ଆମର ବିଷାଦରେ ପୁରି ଉଠୁଥାଏ।

ଗ୍ରହୁଁ ଗ୍ରହୁଁ ପୁରୀ ଏକ୍ସପ୍ରେସ୍ ଭୀମ ଗର୍ଜନ କରି ଷ୍ଟେସନ୍ ଛାଡ଼ିଲା ଦୁଆର ପାଖରେ ଛିଡ଼ା ହୋଇ ବାପା ମନ ଦୁଃଖରେ ହାତ ହଲାଉଥାନ୍ତି କେତେ ଦୂର ପର୍ଯ୍ୟନ୍ତ। କି ଅନାବିଡ଼ ସ୍ନେହ ସେମାନେ ସବୁ ନିଜର କାମ ଛାଡ଼ି ବିଦାୟ ଦେବାକୁ ଆସିଛନ୍ତି ରେଭେନ୍ସା କଲେଜର ଅସଂଖ୍ୟା ଲୋକ ଓ ବନ୍ଧୁବାନ୍ଧବ। ବୋଉଙ୍କର ଆଖିରେ ବିଦାୟକାଳୀନ ଲୁହ ଭର୍ତ୍ତି। ଟ୍ରେନ୍ ଗତି ନେଲା ଓ ଆଗକୁ ଆଗକୁ ଗ୍ରଲିବା ଆରମ୍ଭ କଲା। ସେତେବେଳେ ପ୍ଲେନ୍‌ର ଚଳପ୍ରଚଳ ଏତେ ନଥିଲା। ସେଥିପାଇଁ ଟ୍ରେନ୍‌ରେ ଯିବାକୁ ପଡ଼ିଥିଲା। ସମସ୍ତଙ୍କୁ ନିଦ ଲାଗିଗଲା। ରାତି ପ୍ରାୟ ଦୁଇଟା। ଭଦ୍ରକ ଷ୍ଟେସନ୍‌ରେ ଧଡ଼୍‌ଧଡ଼୍ ଶବ୍ଦରେ ବାପାଙ୍କର କେତେକ ବନ୍ଧୁଙ୍କ ଡାକରେ ହଠାତ୍ ସମସ୍ତଙ୍କର ନିଦ ଭାଙ୍ଗିଗଲା। ଭଦ୍ରକ ସହରର ଅନେକ ବନ୍ଧୁବାନ୍ଧବ ଓ ସମ୍ପର୍କୀୟ ଭାଇ ଆଦି ସେହି ଅନ୍ଧକାର ୨ଟା ରାତ୍ରିରେ, ଘରଠାରୁ ତିନି ମାଇଲ ଦୂର ଭଦ୍ରକ ଷ୍ଟେସନ୍‌କୁ ଦୌଡ଼ି ଆସିଥାନ୍ତି। କି ଆଶ୍ଚର୍ଯ୍ୟ ସେତେବେଳର ସ୍ନେହ ଓ ସହାନୁଭୂତି। ବାପାଙ୍କର ଜନ୍ମସ୍ଥାନ ଥିଲା ଭଦ୍ରକ। କି ଅଦ୍ଭୁତ ସ୍ନେହ, ରାତି ଅଧରେ ବିଦାୟ ସମ୍ବର୍ଦ୍ଧନା ଦେବା ପାଇଁ ଦୌଡ଼ି ଆସିଛନ୍ତି ଆତ୍ମୀୟ। ଆଜିକାଲି ଏହିପରି ସ୍ନେହ ମମତା ବିରଳ। ସେ ଯାହାହେଉ ଫୁଲମାଳ ପକାଇ ଚନ୍ଦନ ସିନ୍ଦୂର ଲଗାଇ ଲୁହ ଭିଜା

ଆଖିରେ ବିଦାୟ ଦେଲେ ଆମମାନଙ୍କୁ । ଏବେ ମନେପଡ଼ିଗଲେ ଦୁଃଖ ଆସେ କାହିଁଗଲା ସେହିଦିନ... ।

ପରଦିନ ସକାଳେ ଗାଡ଼ି କଲିକତା ବା ହାବଡ଼ା ଷ୍ଟେସନ୍‌ରେ ପହଞ୍ଚିଗଲା । ଆମେ ଟ୍ୟାକ୍ସିଟିଏ ଧରି ବାପାଙ୍କର ପ୍ରିୟ ବନ୍ଧୁ ନିଳାଦ୍ରୀ ମଉସାଙ୍କ ଘରେ ପହଞ୍ଚିଲୁ । ସେତେବେଳ ସମୟରେ ବନ୍ଧୁ ଘର ଥିଲେ ହୋଟେଲ୍‌ରେ ରହିବା ଅନ୍ୟାୟ ମାନେ ଘୋର ଅପମାନ । ବନ୍ଧୁ ଅତି ଖୁସିରେ ଡାକିଥାନ୍ତି ମୋ ଘରେ ଦୁଇ ଦିନ ରହି ବିଦେଶ ଯିବ । କି ଅନାବିଳ ସ୍ନେହ ସତେ । ଆଜିକାଲି ଏହିସବୁ ଭାବି ହେବ ନାହିଁ । ପିଲାଛୁଆ ଜିନିଷ ପତ୍ର ଧରି ସାଙ୍ଗଘରେ ରହିବା ଆଜି ଅସମ୍ଭବ; କିନ୍ତୁ ସାଙ୍ଗ ଯେ ଅତି ଖୁସିରେ ନିମନ୍ତ୍ରଣ କରିଛନ୍ତି । କାହିଁ ସେ ସ୍ନେହଭରା ଦୁନିଆ ଆଜିକାଲି ? ସାଙ୍ଗ ଚାହିଁବ ନାହିଁ କି ରହିବା ଲୋକ ଏହିପରି ସାହାସ କରିବ ନାହିଁ ବନ୍ଧୁ ଘରେ ରହି ସେମାନଙ୍କୁ କଷ୍ଟ ଦେବାକୁ ।

ଜୁନ୍ ମାସ ୨୩ ତାରିଖ ରାତି ଗୋଟାଏ ବେଳେ ଦମ୍‌ଦମ୍ ବିମାନ ଘାଟିରୁ ଆମର ଆମେରିକା ଅଭିମୁଖେ ଯିବା କଥା । ପାନ ଆମେରିକାନ୍ ଏୟାର୍‌ୱେଜ୍ କମ୍ପାନୀର ବିରାଟ ଜେଟ୍ ବିମାନ ବୋଇଙ୍ଗ୍ ୭୦୭ରେ ଆମ ପାଇଁ ସିଟ୍ ରିଜର୍ଭ ହୋଇଥାଏ । ପାନ୍-ଆମେରିକାନ୍ କମ୍ପାନୀର ଚଉରଙ୍ଗୀ ଅଫିସ୍‌ରୁ ଆବଶ୍ୟକୀୟ କାଗଜପତ୍ର ଟିକେଟ୍ ଆଦି ନେଇ ଆସିଥାଉ । ଇଣ୍ଟରନେଟ୍ ନଥାଏ, ନିଜେ ହାତରେ ଏହି କାମଗୁଡ଼ିକ କରିବାକୁ ପଡ଼େ । ଆଜି ଭାବିଲେ ଆଶ୍ଚର୍ଯ୍ୟ ଲାଗେ ।

କଲିକତାରେ ପ୍ରେସିଡେନ୍ସି କଲେଜରେ ବାପା ପଢୁଥିଲେ । ତେଣୁ ସେଠାକାର କିଛି ସାଙ୍ଗ ବାପାଙ୍କୁ ଭେଟିବାକୁ ଆସିଲେ ଘରକୁ ନିମନ୍ତ୍ରଣ ଆଦି ଚାଲିଲା । ସେହିମାନଙ୍କ ଭିତରୁ ବାପାଙ୍କର ଅତି ଘନିଷ୍ଠ ସାଙ୍ଗ ସୁକୁମାର ମଉସା ଓ ସୁନନ୍ଦା ମାଉସୀ ଅତି ଜିଦ୍ କରି ରାତ୍ରୀ ଭୋଜନ ତାଙ୍କ ଘରେ କରିବାକୁ ନିମନ୍ତ୍ରଣ । ସୁନନ୍ଦା ମାଉସୀ ଥିଲେ ବାପାଙ୍କର ବନ୍ଧୁପତ୍ନୀ, ପୁଣି ଛାତ୍ରୀ ମଧ୍ୟ । ତେଣୁ ଯିବାକୁ ପଡ଼ିଲା ଭାରତ ଛାଡ଼ିବା ଆଗଦିନ ରାତିରେ ।

ରାତି ଗୋଟାଏ ବେଳେ ବିମାନଘାଟୀରେ ପହଞ୍ଚିବା କଥା । ସେଠାକୁ ମଧ୍ୟ କିଛି ବନ୍ଧୁ ବାପାଙ୍କର ଆସିଥାନ୍ତି ବିଦାୟ ସମ୍ବର୍ଦ୍ଧନା ଦେବା ପାଇଁ । ଏହିସବୁ ଦେଖି ଏତେ ସମ୍ବର୍ଦ୍ଧନା ଆଦି ମୋତେ ଏବେ ଲାଗୁଛି କ'ଣ ଆମେ ରକେଟ୍‌ରେ ଯାଉଥିଲୁ କି ଏତେ ବିଦାୟ ସମ୍ବର୍ଦ୍ଧନା ଖାଲି ଆମେରିକା ଯାତ୍ରା ପାଇଁ । ହସ ଲାଗେ ଭାବିଲେ ।

ସେ ଯାହାହେଉ, ସୁକୁମାର ମଉସା ଆମକୁ ଉଡ଼ାଜାହାଜ କମ୍ପାନୀର ଅଫିସ୍‌ରେ ସାଢ଼େ ନଅଟାରେ ପହଞ୍ଚାଇ ଦେଲେ । ଠିକ୍ ଏଗାରଟା ସମୟରେ ଆମକୁ ବିମାନଘାଟୀ ଅଭିମୁଖେ ନେବା ପାଇଁ କମ୍ପାନୀ ବସ୍‌ରେ ଯିବାକୁ ହେଲା । ଦମ୍ ଦମ୍ ବିମାନଘାଟୀରେ ପହଞ୍ଚିବାକୁ ରାତ୍ରି ୧୨ଟା ବାଜିଥାଏ । ବିଦେଶୀ ମୁଦ୍ରା କିଛି ବଦଳାଇବାକୁ ପଡ଼ିଲା । ଆମେ ଆମରିକା ଯାଉଥିଲେ ହେଁ ଆମକୁ ଆମେରିକା ମୁଦ୍ରା ଦିଆ ନହୋଇ ଇଂରାଜୀ ମୁଦ୍ରା ଦିଆଗଲା । କାରଣ ଆମେରିକା ମୁଦ୍ରା ଭାରତରୁ ବାହାରକୁ ନେବା ଦୋଷାବହ ଓ ଆଇନ ବିରୁଦ୍ଧ ସେତେବେଳେ । ଲଣ୍ଡନରେ ପୁଣି ଏହି ମୁଦ୍ରା ବଦଳାଇ ଆମେରିକାନ ମୁଦ୍ରା ନେଲୁ । ସେତେବେଳେର ନିୟମ ଏହିପରି ଥିଲା ।

ପ୍ରଥମେ ଓହ୍ଲାଇବାକୁ ଥିଲା କରାଚୀ ବିମାନପାଟୀରେ ସେ ଯାହାହେଉ କରାଚୀରୁ ପୁଣି ଇରାନ୍, ଇରାକ୍, ଲେବାନନ୍ ଆଦି ଦେଶ ଉପର ଦେଇ ଆମ ଉଡ଼ାଜାହାଜ ଯିବା ପରେ ବେରୁଟ୍ ଉଡ଼ାଜାହାଜ ଘାଟିରେ ଓହ୍ଲାଇଲା ପୁଣି ତୁର୍କୀ, ସିରିଆ ଆଦି ରାଜ୍ୟ ଉପରେ ଉଡ଼ି ଉଡ଼ି ସବୁଠାରୁ ବଡ଼ ସଦର ଇସ୍ତାନବୁଲର୍ ଉଡ଼ାଜାହାଜ ଘାଟୀରେ ଓହ୍ଲାଇଲା । ପୁଣି ସେଠାରୁ ଆମେ ଉଡ଼ିଲୁ ଭିଏତ୍‌ନାମ ଅଭିମୁଖେ । ସେଠାରେ କିଛି ସମୟ ବିଶ୍ରାମ ନେଲାପରେ ଆମେ ଫ୍ରାଙ୍କ୍‌ଫୋର୍ଟ ଉଡ଼ାଜାହାଜ ଘାଟୀରେ ଯାଉଥିଲା ବେଳେ ଜଣେ ବିଦେଶୀ ପର୍ଯ୍ୟଟକ ବୋଉଙ୍କର ଶାଢ଼ୀ ପିନ୍ଧା ଦେଖି ଫଟୋ ଉଠାଇବାକୁ ଇଚ୍ଛା ପ୍ରକାଶ କରି ଆମ ଅନୁମତି ମାଗିଲେ । ଏହିଥିରୁ ଜଣାଯାଏ କି ସେଠାକାର ଲୋକେ ଖୁବ୍ କମ୍ ଭାରତୀୟଙ୍କ ସଂସ୍ପର୍ଶରେ ଆସିଛନ୍ତି ଏବଂ ଶାଢ଼ୀ ପିନ୍ଧା ପୋଷାକ ମହିଳାଙ୍କୁ ଦେଖିନାହାନ୍ତି । ବୋଉ ସେହିଦିନ ପିନ୍ଧିଥା'ନ୍ତି ଏକ ସମ୍ବଲପୁରୀ କୁମ୍ଭ ଶାଢ଼ୀ ଓ ସେଥି ସଙ୍ଗେ

ସମ୍ବଲପୁରୀ କୁମ୍ଭ ବ୍ଲାଉସ୍ ନୀଳ ରଙ୍ଗର। ଫଟୋ ଉଠାଇଲେ ଏବଂ ତାଙ୍କୁ ଆଶ୍ଚର୍ଯ୍ୟ ଲାଗିଲା କି ଜାଣି ଏହା ଏକ ଡ୍ରେସ୍ ନୁହେଁ ୬ ମିଟର ଲମ୍ବା କନା ମାତ୍ର। ପଚାରିଲେ କେତେଟା ପିନ୍ ବା କ୍ଲିପ୍ ଦରକାର ପଡ଼ିଛି ଲମ୍ବ କନାକୁ ଏହିପରି ଗୁଡ଼ାଇବାକୁ। ସବୁ କାମ ଦାନ ମା' ମାନେ ସେହିପରି ଶାଢ଼ୀ ପିନ୍ଧି କରିଥାନ୍ତି। ଆଜିକାଲି ଶାଢ଼ୀ ପିନ୍ଧି କାମ କରିବାକୁ ପଡ଼ିଲେ ଝିଅମାନଙ୍କର କାନ୍ଦ ଆସିଯାଏ। ସାର୍ଟ ଓ ପ୍ୟାଣ୍ଟରେ କି ଆରାମ। ଆଶ୍ଚର୍ଯ୍ୟ ହେଲେ ଶୁଣିକି ଗୋଟାଏ ବି ନୁହେଁ। ଆଜିକାଲି ଝିଅମାନଙ୍କର କେତେଗୁଡ଼ିଏ ପିନ୍ କ୍ଲିପ୍ ଦରକାର ପଡୁଛି; କିନ୍ତୁ ସେତେବେଳେ ଶାଢ଼ୀରେ ସେହିଗୁଡ଼ିକ ଆଦୌ ଦରକାର ପଡୁନଥିଲେ। ସାଧା ପିନ୍ଧିଲେ ବା କୁଞ୍ଚ ପକାଇ ପିନ୍ଧିଲେ ଠିକ୍ କଣ୍ଟ୍ରୋଲ୍‌ରେ ରହୁଥିଲା ଓ ପିନ୍ଧିଲାବାଲାକୁ ଅସୁବିଧା ଲାଗେ ନାହିଁ।

ଫ୍ରାଙ୍କଫୋର୍ଟ ଉଡ଼ାଜାହାଜ ଘାଟୀରେ ପ୍ରାୟ ଘଣ୍ଟାଏ ଖଣ୍ଡେ ରହିବା ପରେ ଆମ ଜାହାଜ ଛାଡ଼ିଲା। ପରବର୍ତ୍ତୀ ଉଡ଼ାଜାହାଜ ଘାଟୀ ଲଣ୍ଡନ ଅଭିମୁଖେ। ଲଣ୍ଡନରେ ଦିନଟିଏ ରହିଲା ପରେ ପରଦିନ ଆମେ ଆମେରିକା ଯାତ୍ରା କରିଲୁ। ଲଣ୍ଡନରେ ରହିବାର ବନ୍ଦୋବସ୍ତ ଉଡ଼ାଜାହାଜ କମ୍ପାନୀ ତରଫରୁ ହୋଇଥାଏ ହୋଟେଲ୍ ଏରିୟେଲ୍‌ରେ। କୋଠରୀର ସାଜସଜ୍ଜା ଦେଖି ଆମେ ଆଶ୍ଚର୍ଯ୍ୟାନ୍ୱିତ ହୋଇପଡ଼ିଲୁ। ଖୁବ୍ ଆରାମରେ ଖାଇବା ପିଇବା ସାରି ଶୋଇପଡ଼ିଲୁ ଅତି ନରମରୁ ନରମ ବେଡ୍‌ରେ। ପ୍ରଥମରର ଥର ବିଦେଶ ଯାତ୍ରା ଆଶ୍ଚଯ୍ୟ ନ ହେବୁ ବା କେମିତି ? ସବୁ ଆମକୁ ନୂଆ ନୂଆ ଲାଗୁଥିଲା।

ତହିଁ ପରଦିନ ଲଣ୍ଡନ ବୁଲିବା କଥା, ମୁଁ ଏବେ ଭାବୁଛି ସେତେବେଳେ ଇଣ୍ଟରନେଟ୍ ନଥିଲା। କେମିତି ସବୁ ପ୍ଲାନ୍ କରୁଥିଲେ ବାପା ବଡ଼ ଆଶ୍ଚର୍ଯ୍ୟ ଲାଗେ। ଆଜିକାଲି ଆମର ଇଣ୍ଟରନେଟ୍ ହିଁ ଏକ ବଡ଼ ବନ୍ଧୁ ସବୁ କାମରେ।

ବାପାଙ୍କର ବୁଲିବା ଦେଖିବା ବଡ଼ ଆଗ୍ରହ। ତେଣୁ ଗୋଟାଏ ଦିନରେ ଆମେ ଲଣ୍ଡନର କିଛିଟା ଜାଗା ବୁଲି ଦେଖିଲୁ ଫେରିଲା ବେଳେ ଭଲକି ଅନ୍ୟ ପ୍ରସିଦ୍ଧ ସ୍ଥାନ ସବୁ ଦେଖିବା ଯୋଜନା ଥାଏ।

ସକାଳୁ ସକାଳୁ ଭିକ୍ଟୋରିଆ ଷ୍ଟେସନ୍‌ରେ ପହଞ୍ଚିଲୁ । ସେଠାରୁ ଟ୍ୟାକ୍ସି ଧରି ଲଣ୍ଡନ ସହରର ବିଶିଷ୍ଟ ସ୍ଥାନ ବୁଲିବାକୁ ବାହାରିଗଲୁ । ବାପା ଟ୍ୟାକ୍ସି ଡ୍ରାଇଭର୍‌କୁ ବୁଝାଇ ଦେଇଥାନ୍ତି କୁଆଡ଼େ କୁଆଡ଼େ ବୁଲାଇବା ପାଇଁ, ତେବେ ପ୍ରସିଦ୍ଧ ସ୍ଥାନଗୁଡ଼ିକ କେଇ ଘଣ୍ଟାରେ ବୁଲି ଆସିଲୁ । ୱେଷ୍ଟ୍ ମିନିଷ୍ଟର ଆବେ ବ୍ରିଟିଶ୍ ପାର୍ଲିଆମେଣ୍ଟ୍ ଭବନ, ସେଣ୍ଟଜେମ୍‌ସ୍ ପାର୍କ, ବକିଂମହାମ୍ ରାଜପ୍ରସାଦ, ସେଣ୍ଟ୍‌ଜେମସ୍ ରାଜପ୍ରସାଦ, ପିକାଡେଲି ସର୍କସ୍, ଟ୍ରାଫାଲଗାର ସ୍କୋୟାର୍, ସେଣ୍ଟ୍‌ପଲ୍‌ସ କାଥାଡ୍ରାଲ୍, ଟାୱାରବ୍ରିଜ୍, ଟାୱାର୍ ଅଫ୍ ଲଣ୍ଡନ, ଲଣ୍ଡନ ବିଶ୍ୱବିଦ୍ୟାଳୟ ଇତ୍ୟାଦି ତନ୍ନ ତନ୍ନ କରି ଦେଖି ବହୁତ ଖୁସି ହେଲୁ । ଏହା ପରେ ପରେ ଶୀଘ୍ର ଶୀଘ୍ର ଜିନିଷ ପତ୍ର ସବୁ ରଖା ରଖି କରି ଆମେରିକା ଯାତ୍ରା ପାଇଁ ବିମାନଘାଟୀକୁ ଚାଲିଲୁ । ହୋଟେଲ୍‌ର ପରିଚାରିକା କହିଲେ ବୋଉଙ୍କ ପାଖକୁ ଆସି ତାଙ୍କ ଡ୍ରେସ୍‌ମାନେ ଶାଢ଼ୀ, ଗହଣା ବାଳର ଯୋଡ଼ା ଇତ୍ୟାଦି ତାଙ୍କୁ ବହୁତ ସୁନ୍ଦର ଲାଗିଲା । ବୋଉ ଭାବିଲେ ସତରେ ଏମାନେ କେବେ ଭାରତୀୟ ମହିଳା ନିଶ୍ଚୟ ଦେଖିନାହାନ୍ତି । ସବୁଆଡ଼େ ସେହି ପ୍ରଶଂସା । ବୋଉ କୁହନ୍ତି ମୋତେ ଏମିତି ମୋ ଶାଢ଼ୀ ପିନ୍ଧା ଦେଖି ଖୁସି ହୋଇ କେତେ ପ୍ରଶ୍ନ ପଚାରୁଛନ୍ତି ମୋତେ ଲାଗୁଛି ମୁଁ ଆଉ ଏକ ଅଦ୍ଭୁତ ଦେଶରୁ ଆସିଛି ପରା । ଏବେ ଶାଢ଼ୀ ପିନ୍ଧା ଭାରତୀୟ ମହିଳା ଆମେରିକାରେ ଚାରିଆଡ଼େ ଦେଖିବାକୁ ମିଳେ ।

ଠିକ୍ ଦିନ ଚାରିଟା ବେଳେ ଆମ ଜେଟ୍ ଜାହାଜ ଲଣ୍ଡନ ଉଡ଼ାଜାହାଜ ଘାଟୀ ଛାଡ଼ିଲା, ଆମେରିକା ଅଭିମୁଖେ । ବିରାଟ ଆଟ୍‌ଲାଣ୍ଟିକ୍ ମହାସାଗର ଅତିକ୍ରମ କରିସାରି ଆମେରିକାରେ ପହଞ୍ଚିଲୁ ।

ଯେଉଁଠାରେ ପହଞ୍ଚିବା ପାଇଁ ଆମକୁ ସାତ ସମୁଦ୍ର ତେର ନଈ ପାରହେବା ପାଇଁ ପଡ଼ିଲା । ଆମ ଉଡ଼ାଜାହାଜ ଲୋଗନ ଏୟାରପୋର୍ଟରେ ପହଞ୍ଚିଗଲା ଠିକ୍ ସମୟରେ ।

ବିରେନ୍ଦ୍ର ପଟ୍ଟନାଏକ ମଉସା ଆସିଥା'ନ୍ତି, ଆମକୁ ନେବା ପାଇଁ । ସେ ଆମକୁ ଡ୍ରାଇଭ୍‌କରି ଆମ ପାଇଁ ଠିକଣା ହୋଇଥିବା ଘରେ ପହଞ୍ଚାଇ ଦେଲେ । ଘରେ ଆମ ପାଇଁ ସବୁ ରୋଷାଇ ଜିନିଷ ମଉସା ଆଗରୁ କିଛି ରଖିଯାଇଥିଲେ ।

ଆମେ ତ କଲିକତା ଛାଡ଼ିବା ଦିନଠାରୁ ଆମର ନିତିଦିନିଆ ଖାଦ୍ୟ ଭାତ, ଡାଲି, ତରକାରୀ ମିଳିନଥିବାରୁ ଆମ ଖାଇବାରେ ସନ୍ତୋଷ ନଥାଏ। ବୋଉ ଶୀଘ୍ର ଶୀଘ୍ର ମାନେ ଘଣ୍ଟାଏ ଭିତରେ ଭାତ, ଡାଲି, ମାଛ, ତରକାରୀ କରିପକାଇଲେ। ନୂଆ ଜାଗା ନୂଆ ଚୂଲା ଇତ୍ୟାଦିରେ। ଏହାକୁ କହିବା ଭାରତୀୟ ନାରୀ ସବୁଥିରେ ପାରଙ୍ଗମା। ବିରେନ୍ଦ୍ର ମଉସା ଅତି ଖୁସିରେ କହିଲେ ଇଏ ତ ଆମ ଓଡ଼ିଆ ବାସନା। ସେ ମଧ୍ୟ ଏତେଦିନ ହେଲା ଆମ ଖାଦ୍ୟ ପାଇନାହାନ୍ତି। ସେତେବେଳେ ଆମେରିକାରେ କାଁ ଭାଁ ଭାରତୀୟ। ତେଣୁ ଭାରତୀୟ ହୋଟେଲ୍ ଆସିବ କୁଆଡ଼ୁ। ଏବେ କିନ୍ତୁ ଭାରତୀୟ ହୋଟେଲ୍ ଭର୍ତ୍ତି; କାରଣ ଭାରତୀୟ ଭର୍ତ୍ତି। କେତେ ବିଦେଶୀ ଲୋକ ଆମ ଭାରତୀୟ ଖାଦ୍ୟକୁ ପାଟିରେ ଲାଗିଲା ପରେ ବେଶ୍ ପସନ୍ଦ କରନ୍ତି। ତେଣୁ ଆଜିକାଲି ବିଦେଶରେ ରହିଲେ ମଧ୍ୟ ସେହି ଦୋଷା, ଇଡ଼୍‌ଲି, ମାଛ, ଚିକେନ୍ ତରକାରୀ ଭାରତୀୟ ହୋଟେଲ୍ ଗୁଡ଼ିକରେ ମିଳୁଥାଏ। ଆଜିକାଲି ଯେଉଁମାନେ ଭାରତରୁ ଯାଉଛନ୍ତି ଆଉ ବାପା-ମା'ଙ୍କୁ କାହିଁକି ମନେ ପକାଇବେ, ଭାରତୀୟ ଖାଦ୍ୟ ତ ମିଳିଯାଉଛି ସେଠାରେ। ସେହି ସମୟର ପରିସ୍ଥିତି ଅଲଗା ଥିଲା ନିଜେ ରାନ୍ଧିଲେ ଭାରତୀୟ ଖାଦ୍ୟ ଖାଇହେବ। ଯେ ରନ୍ଧା ନ ଜାଣିଥିବ ସେ ହଇରାଣ ହୁଏ। ଆଜିକାଲି ତ ତାହା ନାହିଁ ଯେତେବେଳେ ମନ କଲା ଇଣ୍ଡିଆନ୍ ରେଷ୍ଟୁରାଣ୍ଟ୍ ଚାଲ। ଆମର ଇଡ଼୍‌ଲି, ଦୋଷା ଆଉ ସିଙ୍ଗଡ଼ା ପୃଥିବୀ ପ୍ରସିଦ୍ଧ ହୋଇଯାଇଛି। ଆମ ଇଉରୋପ ଟ୍ରିପ୍‌ରେ ଆମେ ମାଉଣ୍ଟ ଟିଡ଼୍‌ଲିରୁ ଫେରିଲୁ ଦେଖିଲୁ ସାମସା ବା ସିଙ୍ଗଡ଼ା ଓ ଜିଞ୍ଜର ଚା ମିଳୁଥାଏ। ସମସ୍ତଙ୍କର ଏହିସବୁ ବଡ଼ ପସନ୍ଦ। ଭାରତୀୟ ଜିଞ୍ଜର ଚାହା ଓ ସିଙ୍ଗଡ଼ା। ଆଶ୍ଚର୍ଯ୍ୟ ହେଲୁ। ସୁଇଜରଲ୍ୟାଣ୍ଡରେ ଦେଖି।

ଆଉ ଗୋଟେ କଥା ଏହିଠାରେ ମୋର ମନେ ପଡୁଛି। ଆମର ଅଢ଼େଇ ବର୍ଷ ଆମେରିକା ରହଣୀରେ ମୁଁ ସ୍କୁଲ୍ ଯାଉଥାଏ ସେଠାରେ। ତାଙ୍କର ସମୟ ସମୟ ଫେଟ୍ ହୁଏ ସ୍କୁଲରେ। ଘରୁ ଖାଇବା ବନାଇ ଆଣିବ ସ୍କୁଲରେ ବିକ୍ରି କରାହୁଏ, ଏହି ପଇସା ଚାରିଟିକୁ ଯାଏ। ବାପା, ବୋଉ ଚିନ୍ତା କଲେ କ'ଣ ନିଆହେବ ବୋଉ ମତ ଦେଲେ ବିନା ରାଗ ପକାଇ ସିଙ୍ଗଡ଼ା ଗଢ଼ି ପଠାଇବେ।

ବୋଉ, ବାପା ମିଶି ୬୦/୭୦ ସିଙ୍ଗଡ଼ା ବନାଇଥିଲେ ସବୁ ଆମେରିକାର ଧଳା ଛୁଆମାନେ ଆମେରିକୀୟ ସାମୋସା ମୁଁ ହିଁ ଏକା ଭାରତୀୟ । ୧୦ ମିନିଟ୍ ଭିତରେ ସବୁ ସରିଗଲା । ସମସ୍ତେ ଖାଲି ମାଗୁଥାନ୍ତି ସାମ୍‌ସା ସାମ୍‌ସା ଗୋଟାଏ ଡଲାର୍‌କୁ ଦୁଇଟା ବେଶ୍ ବିକ୍ରି ହେଲା । ତାଙ୍କ ମାଷ୍ଟର୍ କହିଲେ ରେସେପିଟା ମାମୀଙ୍କୁ କହିବ ପଠାଇବେ । ରେସିପିଟା ପଠାଇଲେ କ'ଣ ହେବ ବନାଇବା ଶିଖିଲେ ସିନା ହେବ । ଯାହାହେଉ ବୋଉ ରେସେପିଟା ପଠାଇଦେଲେ ବନାଇବା ପ୍ରାଣାଳୀ ମଧ୍ୟ ବାପାଙ୍କର ସାହାଯ୍ୟ ନେଇ ଲେଖିକି ପଠାହେଲା କି ଖୁସି । ଗୋଟେ ବି ଭାରତୀୟ ହୋଟେଲ ନଥିଲା ।

ତହିଁ ପରଦିନ ସକାଳୁ ବାପାଙ୍କୁ ବ୍ରେଣ୍ଡାଇସ୍ ବିଶ୍ୱବିଦ୍ୟାଳୟରେ ଯୋଗଦେବାର ଥିଲା । ବୋଉ ସକାଳୁ ସକାଳୁ ଉଠି ପରଟା, ତରକାରୀ, କ୍ଷିରୀ ଆଦି ବନାଇଥାନ୍ତି ଟେବୁଲ୍‌ରେ ଆଣି ଥୋଇଲେ ବିରେନ୍ଦ୍ର ମଉସା ଚମକି ପଡ଼ିଲେ ଏତେ ଜିନିଷ ସକାଳୁ ସକାଳୁ ହୋଇଗଲା । ଖୁବ୍ ଖୁସିରେ ସମସ୍ତେ ଖାଇଲେ । ମଉସା କେବେ ଭାବି ନଥିଲେ ଆମ ଓଡ଼ିଶାର ଟେଷ୍ଟି ବ୍ରେକ୍‌ଫାଷ୍ଟ ଆମେରିକାରେ ମିଳିପାରିବ । ବ୍ରେକ୍‌ଫାଷ୍ଟ ପରେ ପରେ ଚା, କଫି ପିଇସାରି ବାପା ଓ ମଉସା ବିଶ୍ୱବିଦ୍ୟାଳୟ ଗଲେ, ଠିକ୍ ଭାରତରେ କଲେଜ ଗଲାଭଳି । ପ୍ରଥମ ଦିନ ଆମେରିକାର ବିଶ୍ୱବିଦ୍ୟାଳୟ ଯିବା ।

ଘରଠାରୁ ୧୦ ମିନିଟ୍ ଡ୍ରାଇଭ୍ ମାତ୍ର । ବିଶ୍ୱବିଦ୍ୟାଳୟରେ ପହଞ୍ଚି ଲିଫ୍ଟରେ ଯାଇ ପହଞ୍ଚିଗଲେ ଅଧ୍ୟାପକ ଫ୍ରିଡ୍‌ମ୍ୟାନ୍‌ଙ୍କ ଅଫିସ୍ କକ୍ଷରେ । ଅତି ଭଦ୍ର ଅତି ଶାନ୍ତ ସରଳ ପ୍ରଫେସର ସଙ୍ଗେ ସଙ୍ଗେ ପଚାରି ବସିଲେ ଏତେ ଲମ୍ବା ରାସ୍ତା ଆପଣଙ୍କର କିଛି ଅସୁବିଧା ହୋଇନାହିଁ । ପିଲାମାନେ ଭଲ ଅଛନ୍ତି ଇତ୍ୟାଦି ଇତ୍ୟାଦି । ପ୍ରଥମ ଦେଖାରେ କେତେ ମଧୁର କଥା ।

ଏହାପରେ ଗବେଷଣା ଉପରେ ଆଲୋଚନା ଚାଲିଲା । ଅଧ୍ୟାପକ ଫ୍ରିଡ୍‌ମ୍ୟାନ୍ କର୍କଟ ରୋଗର ଔଷଧ ବାହାର କରିବା ଠାରୁ ଜୀବଜଗତର ପ୍ରହେଳିକା ସୃଷ୍ଟିକାରୀ ନିଉକ୍ଲିକ୍ ଆସିଡ୍ ପର୍ଯ୍ୟନ୍ତ ଭିନ୍ନ ଭିନ୍ନ ଦିଗରେ ଗବେଷଣା ଚଳାଇଥାନ୍ତି ।

୩୦ ମନେପଡ଼େ ସେହିଦିନର ବୋଷ୍ଟନ ସହର ଓ ବିଦେଶ ବୁଲା

ସେଥିଭିତରୁ ସେ ବାପାଙ୍କୁ 'ନିଉକ୍ଲିକ୍ ଆସିଡ୍' ଉପରେ ଗବେଷଣା କରିବା ପାଇଁ ପୂର୍ବରୁ ନିର୍ଦ୍ଦେଶ ଦେଇଥାନ୍ତି। ନିଉକ୍ଲିକ୍ ଆସିଡ୍ ଉପରେ ଗବେଷଣା ପୃଥିବୀର ପ୍ରାୟ ସବୁ ଦେଶରେ ଚାଲିଛି। ଶତାଧିକ ଗବେଷଣା ଗାରରେ ହଜାର ହଜାର ବୈଜ୍ଞାନିକ ଏହି ପ୍ରହେଳିକାମୟ ଜୈବ ପଦାର୍ଥଟି ଉପରେ ଗବେଷଣା ଚଳାଇଛନ୍ତି। ଭାରତୀୟ ବୈଜ୍ଞାନିକ ହର ଗୋବିନ୍ଦ ଗୋରାନା ଏହି ନିଉକ୍ଲିକ୍ ଏସିଡ୍ ଉପରେ ଭାଟିକାନ୍‌ସିଟି ବିଶ୍ୱବିଦ୍ୟାଳୟରେ ସେତେବେଳେ ଗବେଷଣା ଚଳାଇଥାନ୍ତି ରସାୟନ ବିଜ୍ଞାନ ଠାରୁ ଆରମ୍ଭ କରି ପଦାର୍ଥ ବିଜ୍ଞାନ, ଜୀବ ରସାୟନ ବିଜ୍ଞାନ, ଜୀବ ପଦାର୍ଥ ବିଜ୍ଞାନ, ରାଶି ବିଜ୍ଞାନ, ଗଣିତ ବିଜ୍ଞାନ ପର୍ଯ୍ୟନ୍ତ ବିଜ୍ଞାନର ବହୁ ଶାଖାରେ ଏହି ପଦାର୍ଥଟି ଉପରେ ଗବେଷଣା କରାଯାଇଛି। ସେମାନେ ସବୁ ଯଦି ଗବେଷଣାରେ ସଫଳ କାମ ହୁଅନ୍ତି, ତେବେ ଜୀବଜଗତର ଏକ ଶ୍ରେଷ୍ଠ ପ୍ରହେଳିକାର ସମାଧାନ ଯେ ହୋଇପାରିବ, ଏଥିରେ ସନ୍ଦେହ ନାହିଁ। କିଏ ଜାଣେ ଏହି ଗବେଷଣା ଦିନେ ମଣିଷକୁ ଜରାଜୟୀ, ରୋଗଜୟୀ ଏପରିକି ମୃତ୍ୟୁଜୟୀ ନ କରିବ ? ଏହା ଥିଲା ବାପାଙ୍କର ଚିନ୍ତାଧାରା। ବାପାଙ୍କୁ ସବୁ ବିଷୟ ଭଲରେ ବୁଝାଇ ତାଙ୍କ ଗବେଷଣା କକ୍ଷକୁ ନେଇଗଲେ। ସେଠାରେ ୧୦/୧୨ ଜଣ ଗବେଷକ କାମରେ ଲାଗିଥାନ୍ତି। ସମସ୍ତେ ଆମେରିକାର ବୈଜ୍ଞାନିକ। ମଧ୍ୟାହ୍ନ ଭୋଜନର ସମୟ ହେଲାରୁ ବାପା ଓ ମଉସା ଘରକୁ ଆସିଗଲେ ବୋଉ ସେହିପରି ରନ୍ଧାବଢ଼ା କରି ରଖିଥାଆନ୍ତି। ପୁଣି ଓପରଓଳି ଗବେଷଣାଗାରରେ ବୁଲି ସବୁ ବିଷୟ ଜାଣିନେଲେ ବାପା ୫ଟା ବେଳକୁ ଘରକୁ ଫେରିଲେ। ରହିଥିବା ଘର ସ୍ଥାୟୀ ନଥିବାରୁ ଆଉ ଏକ ଘର ସେହି ୱାଲ୍‌ଥାମ୍‌ରେ ୧୨୫ ଚାର୍ଲସ୍ ଷ୍ଟ୍ରିଟ୍‌ରେ ନେବାକୁ ପଡ଼ିଲା। ସେହି ଘରେ ରହିବା ପାଇଁ କିଛି ଆସବାବ ପତ୍ର ନଥାଏ ସବୁ କିଣିବାକୁ ପଡ଼ିଲା।

ଘରଟିଏ ହୋଇଗଲେ ପୁଣି ଯା' ଆସ କରିବାକୁ ଗାଡ଼ିଟିଏ ଦରକାର। ଯୁକ୍ତରାଷ୍ଟ୍ର ଆମେରିକା ତା'ର ବହୁସଂଖ୍ୟକ ମଟରଗାଡ଼ି ଉତ୍ପାଦନ ଯୋଗୁଁ ପୃଥିବୀରେ ଏହା 'ମଟର ଗାଡ଼ିର ଦେଶ' ଭାବରେ ପରିଚିତ। ସେ ଯାହାହେଉ ବାପା

ଭାବିଲେ ଗାଡ଼ିଟିଏ କିଣିବାକୁ ପଡ଼ିବ। ପୁଣି ଗାଡ଼ି କିଣିଲେ ଡ୍ରାଇଭିଂ ନିହାତି ଶିଖିବାକୁ ପଡ଼ିବ। ସେଠାରେ ଡ୍ରାଇଭର୍ ତ ରଖିହେବ ନାହିଁ, ତାଙ୍କୁ ନିଜେ ରୋଜଗାର କରୁଥିବା ଭଡ଼ା ଭଳି ସେତିକି ପ୍ରାୟ ଦେବାକୁ ପଡ଼ିବ। ଡ୍ରାଇଭିଂ ଶିଖିବା ପାଇଁ ସ୍କୁଲମାନ ଅଛି। ବାପା ସ୍କୁଲରୁ ଶିକ୍ଷା ନେଲାପରେ ଥରେ ତାଙ୍କ ବନ୍ଧୁ ହେନେରୀ ଅଙ୍କଲ୍‌ଙ୍କୁ ସାଙ୍ଗରେ ନେଇ ପରୀକ୍ଷା ଦେବା ପାଇଁ ଗଲେ। ପରୀକ୍ଷାରେ ପାସ୍ ହେଲେ। ଦ୍ୱିତୀୟ କାମ ହେଲା ମୋତେ ସ୍କୁଲ୍‌ରେ ଭର୍ତ୍ତୀ କରିବା।

ସକାଳୁ ସକାଳୁ ବାପା ମୋତେ ନେଇକରି ଗଲେ ସ୍କୁଲ୍‌ରେ ନାମ ଲେଖାଇବା ପାଇଁ। ସ୍କୁଲର ନାମ ଥିଲା 'ନିଉ ହଲ୍' ଏତେ ସୁନ୍ଦର ସ୍କୁଲ୍ ଦେଖି ମୁଁ ଖୁସି ହୋଇଗଲି। ସବୁ ଧଳା ଛୁଆ ଆମେରିକାନ୍ ସେମାନଙ୍କର କଥା ବୁଝିବା ମୋ' ପକ୍ଷରେ ବଡ଼ କଷ୍ଟ। ତାଙ୍କ ଶିକ୍ଷକ, ଶିକ୍ଷୟତ୍ରୀ ମୋତେ ଦେଖି ଖୁସି ଏତେ ଦୂର ଦେଶ ଭାରତରୁ ଛାତ୍ରୀ ଆମ ସ୍କୁଲରେ ପଢ଼ିବ ଆମର ସେହିଟା ଗର୍ବ। ପିଲାମାନେ ବେଶ୍ ମେଳାପି, ମୋ ସାଙ୍ଗରେ ସାଙ୍ଗ ହେବା ପାଇଁ ଆଗ୍ରହୀ। ମୋର ଲମ୍ବା କଳା ବାଳ ଦେଖି ସେମାନେ ବହୁତ ଖୁସି ପୁଣି ସେତେବେଳର ଭାରତୀୟ ଷ୍ଟାଇଲ୍ ଦୁଇଟା ବେଣୀ ରିବନ୍ ଦେଇ ବୋଉ କରିଦିଅନ୍ତି। ଅନ୍ୟ ପିଲାମାନଙ୍କର କହରା ବାଳ ଛୋଟ ଛୋଟ ସେମାନଙ୍କ ଭିତରେ ମୁଁ ପୁରା ଅଲଗା। ଜାଣିଲେ ଜଣେ ବଡ଼ ପ୍ରଫେସରଙ୍କର ଝିଅ ଭାରତ ପରି ଦୂର ଦେଶରୁ ଆମ ସ୍କୁଲରେ ପଢ଼ିବାକୁ ଆସିଛି ସବୁ ଶିକ୍ଷକ, ଶିକ୍ଷୟତ୍ରୀ, ଛାତ୍ରଛାତ୍ରୀ ମୋତେ ବହୁତ ଭଲ ପାଇଲେ। ସ୍କୁଲର ସେହି ସମୟରେ କିଛି ୟୁନିଫର୍ମ ନଥାଏ। ଯେକୌଣସି ଡ୍ରେସ୍ ପିନ୍ଧିଲେ ଚଳେ। ମୋ' ପାଇଁ ଗୋଟାଏ ଲଞ୍ଚବକ୍ସ କିଣା ହେଲା। ସାଣ୍ଡୱଇଚ୍ ଓ ଥଣ୍ଡା ଦୁଧ ସେମାନେ ଖାଆନ୍ତି ଲଞ୍ଚରେ। ସେମାନେ ଗରମ ଦୁଧ ପିଇବାକୁ ଆଦୌ ପସନ୍ଦ କରିନଥାନ୍ତି ପୁରା ଫ୍ରୋଜନ୍ ଦୁଧ ପିଇବାକୁ ଭଲପାଆନ୍ତି। କରନ୍ ଫ୍ଲେକ୍ସ ଖାଇଲେ ମଧ୍ୟ ଫ୍ରୋଜନ୍ ଖିରରେ ପକାଇ ଖାଆନ୍ତି। ଆମର ଏଠାରେ କହିବେ ଥଣ୍ଡା ଦୁଗ୍ଧ ବାନ୍ତି ଲାଗିବ, ମୋର ମଧ୍ୟ ସେହିପରି

ଅଭ୍ୟାସ ହୋଇଗଲା । ଆଜି ପର୍ଯ୍ୟନ୍ତ କରନ୍ ଫେକ୍ସ ମୁଁ ଏକଦମ୍ ଝିମ୍ଝିମ୍ ଥଣ୍ଡାଦୁଧ ଫ୍ରିଜ୍‌ରୁ କାଢ଼ି ଖାଇବାକୁ ମୋତେ ଭଲ ଲାଗେ ଗରମ ଦୁଧରେ କେବେ ନୁହେଁ । ଥଣ୍ଡା ଦୁଧର ମଜ୍ଜା ଗରମ ଦୁଧରେ ନାହିଁ । ନରମ ହୋଇଗଲେ ମୋତେ ଆଦୌ ଭଲ ଲାଗେ ନାହିଁ । ଥଣ୍ଡା ଦୁଧମାନେ ବରଫ ଥଣ୍ଡା ଦୁଧରେ ମଜ୍ଜା ଅଛି । ସିରିୟଲ ଫ୍ରିଜ୍ ଥଣ୍ଡା ଦୁଧରେ ଖାଇଲେ ବେଶ୍ ମଜା ଲାଗେ ।

ଦିନକର କଥା ବାପା ସକାଳୁ ସକାଳୁ ମଉସାଙ୍କ ସଙ୍ଗେ ୟୁନିଭର୍‌ସିଟି ଚାଲିଯାଆନ୍ତି । ତଳ ଘରେ (Mrs. Lewis)ମାନେ ଘରବାଲା ମିସେସ୍ ଲିଉସ୍ (ଆମେରିକାନ୍) ଚିନ୍ତା କଲେ କି ନୂଆ ଆସିଛନ୍ତି ଦେଶ ଛାଡ଼ି ତାଙ୍କୁ ଟିକିଏ ବୁଲାଇନେବା । ସେମାନଙ୍କ ଇଂରାଜୀ ଭାଷା ଆମେରିକାର ବୁଝିବା ବଡ଼ କଷ୍ଟ, କାରଣ ଉଚ୍ଚାରଣ ବହୁତ ଅଲଗା । ଆମେ ନୂଆ ଯାଇଥାଉ, ତାଙ୍କ କଥା ବୁଝିହୁଏ ନାହିଁ ଠରାଠରିରେ ଯାହା ବୁଝାଯାଉଥାଏ । ହସ ଲାଗେ ଭାବିଲେ ।

ମିସେସ୍ ଲିଉସଗୋଟେ ସୁନ୍ଦର ଯୋଜନା କଲେ । ମିସେସ୍ ଲିଉଇସ୍ କେତୋଟି ବାକ୍ୟ ଇଂରାଜୀରେ ଲେଖି ପ୍ରତ୍ୟେକ ବାକ୍ୟକୁ ଓଡ଼ିଆରେ ଲେଖିବାକୁ ବିରେନ୍ଦ୍ର ମଉସାଙ୍କୁ କହିଥାନ୍ତି । ବାପା ଓ ମଉସା ଗଲାପରେ ମିସେସ୍ ଲିଉଇସ୍‌ଙ୍କର ସକାଳ କାମ ସରିଲା ପରେ ସେ ସେହି କାଗଜ ଧରି ଆମ ପାଖରେ ପହଞ୍ଚିଗଲେ । କି ସୁନ୍ଦର ଚିନ୍ତାଧାରା, ଭାବିଲେ ଆଶ୍ଚର୍ଯ୍ୟ ଲାଗେ । ଆମେ ଓଡ଼ିଆ ଅକ୍ଷର ଦେଖି ଆଶ୍ଚର୍ଯ୍ୟ ହୋଇଗଲୁ । ଏହିଥିରୁ ଜାଣିବେ ଆମେରିକାନ୍ ମାନେ କେତେ ଯତ୍ନଶୀଳ ଆମେ ବୋର୍ ହେଉଛୁ ବୋଲି କେତେ ତାଙ୍କର ଚିନ୍ତା । ପ୍ରଶ୍ନଗୁଡ଼ିକ ଥିଲା -

୧. (Mrs. Mahapatra would you like to go for a ride ?) ମିସେସ୍ ମହାପାତ୍ର ଆପଣ ଆମ ସଙ୍ଗେ ବୁଲିଯିବେ କି ?

୨. (I made this plan for you, because you must be getting bored in a new place.) ଆପଣ ଘରେ ବୋର୍ ହେଉଛନ୍ତି, ସେଥିପାଇଁ ମୁଁ ଏହି ପ୍ଲାନ୍ କରିଛି ।

୩. We will have some Ice-cream then return back in two hours time.

ଆମେ ଆଇସ୍‌କ୍ରିମ୍ ଖାଇସାରି ୨ ଘଣ୍ଟାରେ ଫେରି ଆସିବା। ତାଙ୍କର ଏହିପରି ଯୋଜନା ଜାଣି ଆମେ ବହୁତ ଖୁସି ହେଲୁ। ଆମେ କିଛି ଆଇସ୍‌କ୍ରିମ୍ ଖାଇ ଦୁଇଘଣ୍ଟା ବୁଲାବୁଲି କରି ଫେରିଆସିବା।

ଆମେ କାଗଜଟି ଦେଖି ବୋଉ ଓ ମୁଁ ବେଶୀ ଆଶ୍ଚର୍ଯ୍ୟ ହେଲୁ ଚିନ୍ତାକରି ଜାଣିଲୁ କେତେ ବୁଦ୍ଧିର କାମ କରିଛନ୍ତି ଲିଉଇସ୍ ଆଣ୍ଟି।

ଆଜିକାଲି ଏହିଭଳି ଭଲପାଇବା ସେଠାକାର ଲୋକମାନଙ୍କ ସଙ୍ଗେ କ୍ୱଚିତ୍ ମିଳେ। ଭାରତୀୟମାନେ ଭାରତୀୟଙ୍କ ସଙ୍ଗେ ପୁଣି ପୂର୍ବ, ପଶ୍ଚିମ, ଉତ୍ତର, ଦକ୍ଷିଣ ଭାରତୀୟ ନିଜ ନିଜ ଅଞ୍ଚଳର ଲୋକଙ୍କ ସଙ୍ଗେ ମିଶୁଥାନ୍ତି। ପାର୍ଟି କରୁଛନ୍ତି। କୁଆଡ଼େ ଗଲା ସେ ବନ୍ଧୁତା ? ଏହିପରି ତାଙ୍କ ଘରେ ମୋତେ ଓ ମୋ' ଭାଇଙ୍କୁ ଛାଡ଼ି ବାପା-ମା' ଅଫିସ୍ ପାର୍ଟି ଯାଆନ୍ତି। ଆଜିକାଲି ଭାବି ହୁଏ ନାହିଁ କି ସେମାନେ ଥିଲେ ଏତେ ଫ୍ରେଣ୍ଡଲି ଦିନେ। ବୋଉଙ୍କୁ ଆସି ପାଉଁରୁଟି, ବିସ୍କୁଟ ନାନ ଖଟାଇ ସବୁ ଶିଖାନ୍ତି ଘଣ୍ଟା ଘଣ୍ଟା ଆମ ଘରେ ଆସି। ଭାବିହୁଏ ନାହିଁ ସତରେ ଦିନେ ଆମେରିକାନ୍‌ମାନେ ଏତେ ଆତ୍ମୀୟ ଥିଲେ ମୁଁ ଆଜିକାଲି ଆମେରିକା ଯାଇ ଅନୁଭବ କଲି। ମୋ' ଝିଅର କୋଲିଗମାନେ ଝିଅ ସଙ୍ଗେ ବେଶ୍ ଫ୍ରେଣ୍ଡଲି। ଘରକୁ ନିମନ୍ତ୍ରଣ କରନ୍ତି। ଏତେଟା ଆତ୍ମୀୟ ନୁହେଁ।

ଆଉ ଗୋଟିଏ ହସକଥାଟିଏ ମନେ ପଡ଼ିଯାଉଛି। ପ୍ରଥମ ଦିନ ଆମେ ଯେବେ ଆମ ନୂଆ ଘରକୁ ଆସିଲୁ ଦ୍ୱିତୀୟ ଦିନ ତାଙ୍କ ଝିଅ ଜେନି ଆସି ମୋ ସାଙ୍ଗରେ ଦୋସ୍ତିର ହାତ ବଢ଼ାଇଲା। ମୋତେ ନିଜ ଇଂରାଜୀରେ ପଚାରିଲା will you play with me ମୋ ସାଙ୍ଗରେ ତୁମେ ଖେଳିବ। ମୁଁ ତ ତାଙ୍କ ଇଂରାଜୀ ବୁଝୁନାହିଁ। ମୁଁ ବୁଝିଲି ସେ କହୁଛି will you fly with me ମାନେ ମୋ ସାଙ୍ଗରେ ତୁମେ ଉଡ଼ିବ କି ? ମୁଁ ଡରି କହିଲି କୁଆଡ଼େ ମୋତେ ଉଡ଼ାଇବ, ମୁଁ ମନା କଲି

“No, No” ନୋ ନୋ ପରେ ଇଂରାଜୀ ଶିଖିଲା ପରେ ବୁଝିଲି ଉଡ଼ିବା ପାଇଁ ନୁହେଁ fly ନୁହେଁ, play ତାଙ୍କର ଉଚ୍ଚାରଣ ସେହିପରି। ‘ପ୍ଲେ’କୁ ‘ଫ୍ଲାଇ’ କୁହନ୍ତି। ମାନେ ଖେଳିବା ପାଇଁ ସେ ଡାକୁଥିଲା। ମୋତେ ବହୁତ ହସ ଲାଗିଲା। ମୁଁ ଏହି କଥା କେତେଦିନ ପରେ ତା’ ସଙ୍ଗରେ ସେୟାର୍ କଲି। ଦୁହେଁ ସାଙ୍ଗ ମିଶି ବହୁତ ହସିଲୁ। ତା’ର ଗୋଟିଏ ସ୍ୱତନ୍ତ୍ର ଖେଳ ରୁମ୍ ଥାଏ। ସେଠାରେ ଆମେ ଧୁମ୍ ଖେଳୁ, ରଙ୍ଗ କରୁ, ଗପ ବହି ପଢୁ। ଆଜିକାଲି ଏପରି ବନ୍ଧୁତା ଭାରତୀୟଙ୍କ ସଙ୍ଗେ ଦେଖାଯାଏନି। ଭାରତୀୟ ଛୁଆ ଭାରତୀୟଙ୍କ ଘରକୁ ଯାଆନ୍ତି ଖେଳିବାକୁ।

ପ୍ରଥମ ଦିନ ସ୍କୁଲ ଆମେରିକାର ବୋଷ୍ଟନରେ ଖୁସି ଲାଗୁଥାଏ, ଡର ବି ଲାଗୁଥାଏ। ମୁଁ ତାଙ୍କ ଭାଷା କିଛି ବୁଝିପାରୁନାହିଁ କେମିତି ହେବ। ମୋତେ ତାଙ୍କ ସ୍କୁଲ୍‌ରେ ଏଡ୍‌ମିଶନ କରାଇବେ କି ନାହିଁ। ଆମେରିକାନ୍ ଇଂରାଜୀ ଟିକିଏ ଅଲଗା ପ୍ରକାରର ସମସ୍ତଙ୍କର ବୁଝିବା ଅସୁବିଧା ହୁଏ। କିଛିଦିନ ପରେ ଅଭ୍ୟାସ ହୋଇଯାଏ। ଅନୁଭବ କଲି ସ୍କୁଲର ଶିକ୍ଷକ ଶିକ୍ଷୟିତ୍ରୀ ଅତ୍ୟଧିକ ଭଲ। ଖୁବ୍ ଖୁସିରେ ମୋର ଏଡ୍‌ମିଶନ୍ କରାଇଲେ। ଇଂରାଜୀ ଅଳ୍ପଦିନରେ ଶିଖିପାରିବି ଆଶ୍ୱାସନା ଦେଲେ। ପିଲାମାନେ ଆଶ୍ଚର୍ଯ୍ୟ ହୋଇ ମୋତେ ଚାହୁଁଥାଆନ୍ତି ଦୁଇଟା ଲମ୍ବା ବେଣୀ କରି ରିବନ୍ ବାନ୍ଧି ଦେଇଥାନ୍ତି ବୋଉ। ମୁଁ ସେମାନଙ୍କ ଭିତରେ ପୁରା ଅଲଗା ଦିଶୁଥାଏ। ସମସ୍ତେ ଆଶ୍ଚର୍ଯ୍ୟର ସହିତ ଚାହୁଁଥାନ୍ତି ମୋତେ। ଅନ୍ୟ ଏକ ଅଦ୍ଭୁତ ଜାଗାରୁ ଆସିଲା ପରି। ଏଡ୍‌ମିଶନ୍ ହୋଇଗଲା। କ୍ଲାସ୍‌ର ପ୍ରଥମ ଧାଡ଼ିରେ ମୋତେ ବସିବାକୁ କହିଲେ। ଏହିଠାରେ ଗୋଟେ ଆଶ୍ଚର୍ଯ୍ୟ କଥା ମୋର ମନେପଡ଼େ। ମୋ ପାଖରେ ବସିଥିବା ସାଙ୍ଗଟି ମୋତେ ପଚାରିଲା ତୁମେ ଭାରତୀୟମାନେ ଲୋହିତ ଭାରତୀୟ (Red Indian) ସେମାନେ ୫ମ କ୍ଲାସ୍‌ର ପିଲା। କ’ଣ ଜାଣିବେ ଭାରତ ଏକ ଦୂର ଦେଶ। ମୁଁ ଯେତିକି ଇଂରାଜୀ ଶିଖିଥିଲି ତାକୁ ବୁଝାଇବାକୁ ଚେଷ୍ଟା କଲି। ଅଳ୍ପଦିନ ଭିତରେ ମୁଁ ତାଙ୍କ ଇଂରାଜୀ ଶିଖିଦେଲି ଏବଂ ଆରାମରେ କଥାବାର୍ତ୍ତା ହୋଇପାରିଲି। ସ୍କୁଲର ଶିକ୍ଷକ ଜଣଙ୍କୁ କୁହା ହୋଇଥିଲା ପ୍ରତିଦିନ ମୋତେ କିଛି କିଛି ଇଂରାଜୀ ଶିଖାଇବାକୁ, କେତେ ଯତ୍ନଶୀଳା ସେମାନେ।

ଭାରତର ନାଚ ଗୀତ ସବୁ ଶୁଣିବାକୁ ସେମାନେ ବେଶ୍ ଆଗ୍ରହୀ ଥିଲେ। ବୋଉଙ୍କର ଶାଢ଼ୀ ପିନ୍ଧା ସେମାନଙ୍କୁ ବେଶ୍ କୌତୁକିଆ ଲାଗେ କିପରି କନା ୫ ମିଟରକୁ ଡ୍ରେସ୍‌କରି ଏତେ ସୁନ୍ଦର ପିନ୍ଧି ପାରୁଛନ୍ତି ଗୋଟେ ମଧ୍ୟ ପିନ୍ ଦରକାର ହେଉନାହିଁ। ମୁଣ୍ଡର ଟିପା ହାତର ଚୂଡ଼ି ସବୁ ସେମାନଙ୍କର ନଜର ଏବଂ ସବୁ ବିଷୟରେ ଜାଣିବାକୁ ଚାହାଁନ୍ତି। ଏମିତି ଡ୍ରେସ୍ ପିନ୍ଧି କାମ ଦାମ କରିବାକୁ କଷ୍ଟ ଲାଗୁନାହିଁ ନାନାଦି ପ୍ରଶ୍ନ। ବୋଉ ଯାଉଥା'ନ୍ତି ତାଙ୍କ ବାପା-ମା'ଙ୍କ ମିଟିଙ୍ଗ୍ ଇତ୍ୟାଦିରେ।

ସେହି ଯୁଗରେ ଏହି ପ୍ରଶ୍ନଗୁଡ଼ିକ ଶୁଣିଲେ ସେହି ସମୟରେ ଭାରତୀୟଙ୍କ ସଂଖ୍ୟା ଖୁବ୍ କମ୍ ସେ ଜାଣିବେ ବା କିପରି ? ଆଜିକାଲି ଯେଉଁଠାକୁ ଚାହିଁବ ଭାରତୀୟ ହିଁ ଭାରୀତୟ ସ୍କୁଲରେ ଭାରତୀୟ ଛୁଆ ଭର୍ତ୍ତୀ। ସେମାନେ ମଧ୍ୟ ପଢ଼ାପଢ଼ିରେ ଆଗ। ସେଠିକାର ସିଟିଜେନ୍‌ସିପ୍ ନେବା ପିଲା ବା NRI ପିଲା ୪/୫ ଘର କିଣି ଜମାଇ ଦେଇଛନ୍ତି ସେଠାରେ ଭାରତୀୟମାନେ ଆଜିକାଲି।

ସେମାନେ ପୁରା ଆମେରିକାନ୍ ଚାଲିଚଳନ ଖାଇବା ପିଇବା ସବୁ ସେଠାକାର ଲୋକଙ୍କ ଭଳି। ଆମ ଦେଶ ପିଲା ଆଦୌ ଆମ ଦେଶର ଖାଇବା ଖାଉ ନାହାନ୍ତି। ବାପା-ମା'ଙ୍କର ଚେଷ୍ଟା ଆମ ସଂସ୍କାରରେ ପିଲା ବଢୁ କିନ୍ତୁ ସମ୍ଭବପର ନୁହେଁ। ଏହିପରି ସେହି ବୋଷ୍ଟନ ସହରରେ ଅଢ଼େଇ ବର୍ଷରୁ ଉପର ସମୟ କଟାଇଦେଲୁ। ପାଖ ଆଖ ଚାରିଆଡ଼େ ଦେଶ ବୁଲା ବୁଲି ହେଲା। ପାଖ ପଡ଼ୋଶୀଙ୍କ ସଙ୍ଗେ ଘନିଷ୍ଠତା ବେଶ୍ ବଢ଼ିଲା।

ଭାରତ ଫେରିବା ଦିନ ପାଖେଇ ଆସିଲା। ସାଙ୍ଗମାନେ ବହୁତ ଦୁଃଖ କଲେ। ୨/୪ ଜଣ ଅତି ଟିକିଏ ଘନିଷ୍ଠ ହୋଇଯାଇଥିଲେ। ରିଡିଂରେ କମ୍ ମାର୍କ କିନ୍ତୁ ମ୍ୟାଥ୍‌ରେ ମୋର ଭଲ। ପିଲାମାନେ ମୋ'ଠାରୁ ଶିଖନ୍ତି। ଗୋଟେ ଅଟୋଗ୍ରାଫ୍ ବହି ଆଣି ପ୍ରତ୍ୟେକ ପିଲା ଭଲ ଭଲ କଥା ସେହିଥିରେ ଲେଖି ମୋତେ ଉପହାର ଦେଲେ କି ସୁନ୍ଦର ଚିନ୍ତାଧାରା। ଅଟୋଗ୍ରାଫ୍ ବହି ଏବେ ମଧ୍ୟ ମୋ ପାଖରେ ସାଇତା ହୋଇଛି। ବେଳେବେଳେ ପଢ଼େ ଓ ମନେପକାଏ

୩୬ ମନେପଡ଼େ ସେହିଦିନର ବୋଷ୍ଟନ ସହର ଓ ବିଦେଶ ବୁଲା

ବୋଷ୍ଟନର ସ୍କୁଲ ସାଙ୍ଗସାଥୀଙ୍କୁ । କିଛିଟା ସାଙ୍ଗମାନଙ୍କ ସଙ୍ଗେ ଚିଠିର ମାନେ ୱାଟ୍ସ୍ଆପ୍‌ରେ ଆଦାନ ପ୍ରଦାନ ଅଛି ଏ ପର୍ଯ୍ୟନ୍ତ ।

ବାପା ଗୋଟେ ଗାଡ଼ି କିଣିଲେ ସେତେବେଳେ ଗାଡ଼ି ବିନା ସେଠାରେ ଯିବା ଆସିବା ଅସମ୍ଭବ । ବାପାଙ୍କୁ ଜଣେ ଡ୍ରାଇଭିଂ ଶିଖାଇବା ପାଇଁ (Mr. Baker) ବୋଲି ନିଗ୍ରୋ ଆସନ୍ତି ଶିଖାଇବା ପାଇଁ । ଏହିଠାରେ ମୋର ଗୋଟେ ମଜା କଥା ମନେପଡ଼େ । ଥରେ ଆମକୁ ବେକର ଆଙ୍କଲ ତାଙ୍କ ନ୍ୟୁୟର୍କ ଘରକୁ ନିମନ୍ତ୍ରଣ କରିଥିଲେ । ସେତେବେଳେ ଟେଲିଭିଜନ୍‌ରେ ଅନେକ ଆଫ୍ରିକାର ସିନେମା ଦେଖାଏ । ଅତି ଭୟଙ୍କର ଦୃଶ୍ୟସବୁ ମଣିଷକୁ ମାରି ଦିଅନ୍ତି, ଜାଳି ଦିଅନ୍ତି ବା ପୋଡ଼ି ଦିଅନ୍ତି ଇତ୍ୟାଦି । ମୁଁ ବି ଏତେ ବଡ଼ ନଥିଲି ଯେତେବେଳେ ସେ ବେକର ଆଙ୍କଲଙ୍କ ଘରକୁ ଗଲୁ ଆଉ ଦେଖିଲି ତାଙ୍କ ମା', ବାପା, ତାଙ୍କ ସ୍ତ୍ରୀ ତାଙ୍କ ଭଉଣୀ ସେହିପରି କଳା କଳା ମୋଟା ମୋଟା ମୋତେ ବଡ଼ ଭୟ ଲାଗିଲା କେତେବେଳେ କ'ଣ ଏମାନେ କରିବେ କି ମୁଁ ଘରେ ନବସି ବାହାରେ ପୁରା ସମୟ ବସି ରହିଲି । କେତେବେଳେ ଫେରିବା ଥିଲା ମୋର ଚିନ୍ତା । ସେ ଆଙ୍କଲ କଳା ମୁଚ୍ ମୁଚ୍ ଓ ଡେଙ୍ଗା । ବହୁତ ଭଲ ଥିଲେ ବେକର ଅଙ୍କଲ ଅଳ୍ପଦିନ ଭିତରେ ବାପାଙ୍କୁ ଡ୍ରାଇଭିଂ ଶିଖାଇଦେଲେ । ବାପାଙ୍କର ବୁଲିବା ବଡ଼ ସୌକ ପ୍ରତି ଶନିବାର ଓ ରବିବାର ବାପାଙ୍କର ଓ ମୋର ଛୁଟି ଆମେ ସମସ୍ତେ ମିଶି ସକାଳୁ ସକାଳୁ ବୁଲି ବାହାରିଯାଉ ସନ୍ଧ୍ୟାକୁ ଫେରୁ । ମୋର ସାଙ୍ଗ ଜଣେ ଦୁଇଜଣ ମଧ୍ୟ ଗୋରା ସାଙ୍ଗ ଆମ ସଙ୍ଗରେ ଯାଆନ୍ତି ଏବଂ ସୋମନାଥ ମଉସା Dr. Somnath Mishra M.I.T ଏମ୍.ଆଇ.ଟି.ରେ ଇଞ୍ଜିନିୟରିଂ କରୁଥିଲେ । ଛୁଟିଦିନ ମାନଙ୍କରେ ଏକା କାହିଁକି ବୋର୍ ହେବେ ଆମ ସାଙ୍ଗରେ ଉଇକେଣ୍ଡ୍‌ରେ ବୁଲି ବାହାରିଥାନ୍ତି । ମୋ ସାଙ୍ଗ ନୈଓ୍ୱେଲ (Nowel) ପ୍ରାୟ ଆମ ସାଙ୍ଗରେ ବୁଲି ଯାଉଥାଏ । ବିଚ୍‌ରେ ଘଣ୍ଟା ଘଣ୍ଟା ବସି ବୋଉଙ୍କର ସୁସ୍ୱାଦୁ ଖାଦ୍ୟ ବେଶ୍ ମଜା ଲାଗେ । ବିଚ୍ ଗୁଡ଼ିକରେ ସୁନ୍ଦର ସୁନ୍ଦର ରାଇଡ୍ ମୁଁ ଓ ମୋ' ଭାଇ ସେଗୁଡ଼ିକ ବେଶ୍ ଉପଭୋଗ କରୁ । ଆମ ସାଙ୍ଗରେ ସୋମନାଥ ମଉସା ଓ ମୋ' ସାଙ୍ଗ

ନୋଓ୍ୱେଲ୍ ମଧ୍ୟ ବୁଲନ୍ତି ବିଭିନ୍ନ ରାଇଡ୍‌ରେ। ଓଡ଼ିଆ ସାଙ୍ଗ ପରି ଆମ ସାଙ୍ଗେ ନୋଓ୍ୱେଲ ସେଠିକାର ଝିଅପରି ଦେଖାଯାଏ ନାହିଁ। କଥାବାର୍ତ୍ତା ମଧ୍ୟ ଓଡ଼ିଆ ସାଙ୍ଗ ପରି। ଚିଠିପତ୍ରରେ ଏବେ ବନ୍ଧୁତା ଅଛି। ନିଜ ନିଜ ଗୋଷ୍ଠୀ ନେଇ ବନ୍ଧୁତା। ଭାରତୀୟମାନେ ମଧ୍ୟ ଗୋଟିଏ ଗୋଷ୍ଠୀ ନୁହେଁ ଉତ୍ତର ଭାରତୀୟ, ଦକ୍ଷିଣ ଭାରତୀୟ, ପୂର୍ବ, ପଶ୍ଚିମ ଏହିପରି ଅଲଗା ଅଲଗା ଗୋଷ୍ଠୀ କାଁ ଭାଁ ବିଦେଶୀ ବା ଆମେରିକାର ବାସିନ୍ଦା ଏହି ଗୋଷ୍ଠୀମାନଙ୍କରେ ଦେଖିବାକୁ ମିଳେ। ପ୍ରଥମ ଥର ଆମେ ଏହିସବୁ ଦେଖି ବଡ଼ ଆଶ୍ଚର୍ଯ୍ୟ ହେଲୁ। ସେବର ଆମେରିକା ଓ ଏବେର ଆମେରିକା ଅନେକ ଫରକ ଲାଗିଲା। ଘଣ୍ଟା ଘଣ୍ଟା ସେମାନଙ୍କ ଘରେ ବିତେଇବା ଠିକ୍ ଭାରତର ଚଳଣି ଭଳି ଆଜିକାଲି ସେସବୁ ଆଉ ଦେଖିବାକୁ ମିଳେ ନାହିଁ, ବିରାଟ ପରିବର୍ତ୍ତନ।

ଅନ୍ୟ କିଛି ଘଟଣା

ଅନ୍ୟ ଘଟଣା ସବୁ ବାପାଙ୍କର ଦୁଇଟି ଭ୍ରମଣ କାହାଣୀ 'ନୀଳ ଚକ୍ରବାଳା ସେପାରି' ଓ 'ପାଶ୍ଚାତ୍ୟ ସ୍ମୃତି'ରେ ବାପା ଗୋଟି ଗୋଟି ବର୍ଣ୍ଣନା କରିଛନ୍ତି । ମୁଁ ଆଉ ସେଗୁଡ଼ିକ ଦୋହରାଇବାକୁ ଇଚ୍ଛା କରୁନାହିଁ । ଖାଲି ଭାରତ ଫେରିବା କଥା କିଛି ଲେଖି ଶେଷ କରୁଛି ମୋର ବୋଷ୍ଟନର ଅଭୁଲା ସ୍ମୃତି ।

ଆମେ ସେଠାରେ ଅଢ଼େଇ ବର୍ଷ ବେଶ୍ ଖୁସି ଆରାମରେ କଟାଇଲୁ ବାପାଙ୍କର ବୁଲିବା ଦେଖିବା ସୌକ । ତେଣୁ ସବୁ ପ୍ରସିଦ୍ଧ ସ୍ଥାନ ବୁଲା ହେଲା । ଏହିଠାରେ ଗୋଟେ କଥା ମନେ ପଡୁଛି । ଆମେ ଷ୍ଟାଚ୍ୟୁ ଅଫ୍ ଲିବର୍ଟି ଗଲାବେଳେ ବୋଟ୍‌ରେ ନ୍ୟୁୟର୍କରେ ଗୋଟେ ସ୍କୁଲ୍ ପିଲାମାନେ ସେହି ବୋଟ୍‌ରେ ଯାଉଥିଲେ ଷ୍ଟାଚ୍ୟୁ ଅଫ୍ ଲିବର୍ଟି ଟ୍ରିପ୍‌ରେ । ଏକା ପ୍ରଶ୍ନ ଆପଣମାନେ କେଉଁ ଦେଶରୁ ଆସିଛନ୍ତି । ଆମେ କହିଲୁ ଇଣ୍ଡିଆ ସେମାନେ ଇଣ୍ଡିଆମାନେ ବୁଝିଲେ ରେଡ୍ ଇଣ୍ଡିଆନ୍‌ମାନେ 'ଲୋହିତ ଭାରତୀୟ' । ପଚାରିଲେ ରେଡ୍ ଇଣ୍ଡିଆନ୍ । ଭାରତ ଏକ ଦେଶ, ଖୁବ୍ କମ୍ ଲୋକ ସେତେବେଳେ ଶୁଣିଥିଲେ । ଏମାନେ ଥିଲେ ଛୋଟ ପିଲା କିପରି ଜାଣିବେ ଭାରତ ଏକ ଦେଶର ନାମ । ଏହିଥିରୁ ଜଣାଯିବ କି ଆମେରିକାନଙ୍କର ଅବଶ୍ୟ ଏମାନେ ଥିଲେ ସ୍କୁଲ ପିଲା ଭାରତ ଉପରେ ଜ୍ଞାନ ଆଦୌ ନାହିଁ । ଆମେ ତାଙ୍କୁ ବୁଝାଇଦେଲୁ କି ନା ଭାରତ ଏସିଆ ମହାଦେଶର ଏକ ଦେଶ । ଆମ୍ଭେମାନେ ୧୨୦୦୦ ମାଇଲ୍ ଦୂର ଦେଶରୁ ଆସିଛୁ ବିଜ୍ଞାନ ଗବେଷଣା ଉଦ୍ଦେଶ୍ୟରେ । ସେମାନେ ଠିକ୍ ବୁଝିଗଲେ । ବୋଉଙ୍କ ଶାଢ଼ୀକୁ ଦେଖି ସମସ୍ତଙ୍କର ବେଶ୍ ପସନ୍ଦ ହେଲା । ଆପଣଙ୍କ ମାମୀଙ୍କ ଡ୍ରେସ୍ ବହୁତ ସୁନ୍ଦର । ମୁଁ ବୁଝାଇଦେଲି

ଡ୍ରେସ୍ ନୁହେଁ ୫ ମିଟର କନା । ସେହିପରି ପିନ୍ଧା ଯାଉଥିବାରୁ ଡ୍ରେସ୍ ଭଳି ଦେଖାଯାଉଛି । "କେତେଟା ପିନ୍ ବା କ୍ଲିପ୍ ଲାଗିଛି ଏମିତି କନାଟାକୁ ଗୁଡ଼ାଇ ଡ୍ରେସ୍ କରିବାକୁ" ଦ୍ୱିତୀୟ ପ୍ରଶ୍ନ ପିଲାଙ୍କର । ପିଲାଗୁଡ଼ିକର ନୂଆ କଥା ବା ନୂଆ ଜିନିଷ ଦେଖିଲେ ସେ ବିଷୟରେ ଟିକି ନିଖି ଜାଣିବାକୁ ବହୁତ ଇଚ୍ଛା ପ୍ରକାଶ କରନ୍ତି । ଖୁବ୍ ଖୁସିର କଥା । ଏହିଠାରେ ମନେପଡ଼େ ମୋ' ଆମେରିକାରେ ରହୁଥିବା ଚାରି ବର୍ଷର ନାତୁଣୀ ଭାରତ ଆସିଥିଲା କି ଅଦ୍ଭୁତ ପ୍ରଶ୍ନ ସବୁ ତା'ର । ମୁଁ ଭାବେ ସେଠିକା ପଢ଼ା ଓ ସ୍କୁଲରେ ଯାଦୁ ଅଛି ତା'ର କୌତୁକିଆ ପ୍ରଶ୍ନ କିଛିଟି ଲେଖୁଛି ନାତୁଣୀ ଆଲିସା ପଚାରେ ଆମର ମେଡ଼ ଠିକ୍ ସକାଳୁ ଆସି ଝାଡୁ ପୋଛା ଆଦି କରେ ସେସବୁ ଦେଖି ଦେଖି ଇଂରାଜୀରେ ପଚାରିଲା । "ଆଈ କାହିଁକି ସେ ତୁମ ଘର ସଫା କରିବାକୁ ପ୍ରତ୍ୟେକ ଦିନ ଆସୁଛି । ତା' ନିଜ ଘର ପୁଣି କିଏ ସଫା କରୁଛି ?" କେତେ ସୁନ୍ଦର ପ୍ରଶ୍ନ ଥିଲା ୧୮ ବର୍ଷ ତଳର କଥା ଏବେ ନାତୁଣୀ ଶୁଣିଲେ ହସେ । "ପ୍ରତ୍ୟେକ ଦିନ କାହିଁକି ପୂଜା କରୁଛ ଠାକୁର ସବୁ କ'ଣ ବଞ୍ଚିଯିବେ ।" ସେଠାକାର ପିଲାମାନଙ୍କ ଅନେକ ପ୍ରଶ୍ନ ତାଙ୍କ ମନରେ ଆସୁଥାଏ ସବୁର ଉତ୍ତର ତାଙ୍କୁ ଦରକାର । "ଶାଢ଼ୀ ଏତେ ଲମ୍ବା ତୁମେ କାହିଁକି କଷ୍ଟକରି ପିନ୍ଧୁଛ ଗୋଟେ ଗାଉନ ପିନ୍ଧିଲେ କେତେ ସୁବିଧା ।" "ଧଳା ଭାତରେ ଡାଲି ଗୋଳାଇ କାହିଁକି ଅସନା କରି ଖାଉଛ ଭଲ ଲାଗୁନାହିଁ ।" ସେ କେବଳ ଧଳା ଭାତ ଖାଇବ ଡାଲି ଅଲଗା ଖାଇବ । ସେ ଆସିଲେ ମୁଁ ଦିନସାରା ତା'ର ପ୍ରଶ୍ନର ଉତ୍ତର ଦେଇ ଥକିଯାଏ । ସେଠିକା ପିଲାଙ୍କର ଏହି ଅଭ୍ୟାସ ସେହିଦିନ ବୋଟ୍‌ରେ ଷ୍ଟାଚ୍ୟୁ ଅଫ୍ ଲିବର୍ଟି ଦେଖାହେଲା ପିଲାଙ୍କର ସେହିପରି ଗୋଟିଗୋଟି ପ୍ରଶ୍ନ ପଚାରି ଚାଲିଥାନ୍ତି । ବୋଉଙ୍କ ଉପରେ ବେଶୀ; ସିନ୍ଦୁର କାହିଁକି ଲଗାଇଛ ଚୂଡ଼ି କାହିଁକି ପିନ୍ଧିଛ ମୁଣ୍ଡରେ ଲଗାଇଛ ପୁଣି ବାଳ ଭିତରେ ମୁଣ୍ଡରେ ସିନ୍ଦୂର କାହିଁକି ଲଗାଇଛ ସବୁ ସ୍କୁଲ ପିଲାମାନେ ସେହିପରି ପଚାରି ଚାଲିଥା'ନ୍ତି ଇତ୍ୟାଦି ଇତ୍ୟାଦି ହଜାରେ ପ୍ରଶ୍ନ । ଯାହାହେଉ ବୋଟ ଯିବା ସରିଲା ଆମେ ପହଞ୍ଚିଗଲୁ ଷ୍ଟାଚ୍ୟୁ ଅଫ୍ ଲିବର୍ଟ ପାଖରେ । ସବୁତକ ପିଲା ଆମ ଠିକଣା ଓ ଫୋନ୍ ନମ୍ବର ରଖିଲେ ଗୋଟିଏ ଝିଅ ଲିସା ଡୋନ୍‌ର ମୋ' ସଙ୍ଗେ ଚିଠିପତ୍ର ଦେଇ ମୋର

ଭଲ ବନ୍ଧୁ ହୋଇଗଲା ଏବଂ ଅନେକ ଚିଠିପତ୍ର ଉପହାର ପୋଷ୍ଟରେ ଆଦାନ ପ୍ରଦାନ ଚାଲିଲା ଲିସା ଓ ତା' ଭଉଣୀ ଆମି ସହିତ । ଆମେ ଅଢ଼େଇ ବର୍ଷ ପରେ ଭାରତ ଫେରିଲୁ ସେତେବେଳେ ତାଙ୍କ ମା' ବାପା ଆମକୁ ତାଙ୍କ ଘରେ ୩/୪ ଦିନ ରହିବା ପାଇଁ ଅନୁଗ୍ରହ କଲେ । ତାଙ୍କର ବଡ଼ ଖୁସି ଭାରତୀୟ ପରିବାର ଆମ ଘରେ ଅତିଥି ହେବେ । ସେହିଭଳି ପରିସ୍ଥିତି ଆଜିକାଲି ଆଦୌ ଦେଖାଯାଏ ନାହିଁ ପୁରା ସ୍ୱପ୍ନ । କି ଆତିଥ୍ୟ ଆମେ ଭୁଲିପାରିବୁ ନାହିଁ । କେତେ କେତେ ପ୍ଲାନ । ଗ୍ରେ ହାଉଣ୍ଡ ବସ୍‌ରେ ଆମେ ଆସିଥାଉ । ଲିସାର ମା' ଆସିଥିଲେ ଆମକୁ ଓ ଜିନିଷପତ୍ର ନିଜେ ଉଠାଇ ଆମକୁ ଡ୍ରାଇଭ୍ କରି ତାଙ୍କ ଘରେ ପହଞ୍ଚାଇଲେ । ଘରେ କାହିଁରେ କ'ଣ ସ୍ୱାଗତ ଆମ ପାଇଁ ବିରାଟ ଆୟୋଜନ । ତାଙ୍କ ଝିଅ ସାଙ୍ଗରୁ ଆମେ ତାଙ୍କ ସଙ୍ଗେ ଜଣାଶୁଣା ନହେଲେ ବି ଏତେ ଆମକୁ ସମ୍ମାନ । ନିଜ ବେଡ୍ ରୁମ୍ ମୋ' ବାପା ବୋଉଙ୍କ ପାଇଁ ଛାଡ଼ିଦେଲେ । ନୂଆ ବେଡ୍ କଭର୍ ତକିଆ ଆଦି ପଡ଼ିଥାଏ । ମୁଁ ଶୋଇଲି ଅଲଗା ବେଡ୍ ପଡ଼ିଥିବା ଲିସା ରୁମ୍‌ରେ । ଆମେ ବହୁତ ସାରା ରାତି ବିଭିନ୍ନ ବିଷୟରେ ଗପ କଲୁ । ଠିକ୍ ଏକ ଭାରତୀୟ ସାଙ୍ଗ ବା ମୋ ଭଉଣୀ ପରି ବେଶୀ ପ୍ରଶ୍ନ ଲିସାର ଇଣ୍ଡିଆ ବିଷୟରେ ସେଠାକାର ପାଗ କେମିତି, ଘରଦ୍ୱାର କିପରି ସମସ୍ତେ ଏହିପରି ଡ୍ରେସ୍‌ମାନେ, ଶାଢ଼ୀ ପିନ୍ଧନ୍ତି କି ? କେତେ ବର୍ଷ ହେଲା ପରେ ସେମାନେ ଏହିପରି ଡ୍ରେସ୍ ପିନ୍ଧିବା ଆରମ୍ଭ କରନ୍ତି ଇତ୍ୟାଦି ଇତ୍ୟାଦି ଅନେକ ପ୍ରଶ୍ନ । ଲିସାର ବାପା-ମା' ବେସମେଣ୍ଟରେ ତଳେ ବେଡ୍ କଭର ପକାଇ ଶୋଇଲେ, ଏହିମାନଙ୍କ ଠାରୁ ଆତିଥ୍ୟ ଶିଖିବା କଥା ।

ମୁଁ ଜଣାଇବାକୁ ଚାହୁଁଛି ସେହି ସମୟରେ ଭାରତୀୟଙ୍କର କେତେ ସ୍ନେହ ଆଦର କୁଆଡ଼େ ଗଲା ସେସବୁ ଅବଶ୍ୟ ଭାରତୀୟ ଲୋକ ହଜାର ହଜାର ଏବେ ଆମେରିକାରେ ଘର ଦ୍ୱାରା କିଣି ଆସ୍ଥାନ ଜମାଇଛନ୍ତି । ତହିଁ ପରଦିନ ସକାଳୁ ଆମେ ନ୍ୟୁୟର୍କ ସହର ବୁଲାଇବାକୁ ନେଲେ । ସେମାନଙ୍କର ଚିନ୍ତା କି ଆମେ ଅତିଥିଙ୍କର ୩/୪ ଦିନର ରହଣୀ କିପରି ଅଭୁଲା ରହିବ

ସେଥିପାଇଁ ଖାଇବା ଠାରୁ ବୁଲାବୁଲିର ପ୍ଲାନ କରିଦେଇଥାନ୍ତି ଡୋନ୍‌ର ପରିବାର। ଗୋଟିଏ ଦିନ ରାତ୍ରି ଭୋଜନ ଭାରତୀୟ ରନ୍ଧା ପାଇଁ ପ୍ଲାନ। ବୋଉଙ୍କର ତ ରନ୍ଧା ବେଶ୍ ଖୁସି ସେ ଲାଗିପଡ଼ି ପଲାଉ, ଚିକେନ୍ ତରକାରୀ, କୋବି ଭଜା, ଦହି ବାଇଗଣ, ଖିରୀ ଇତ୍ୟାଦି ଇତ୍ୟାଦି ତିଆରି କରିବାରେ ଲାଗି ପଡ଼ିଲେ। କେଉଁଥିରେ ରାଗ ବା ମସଲା ଆଦୌ ପଡ଼ି ନଥିଲା। ତେଣୁ ଖୁବ୍ ଖୁସିରେ ଖାଇଲେ ସମସ୍ତେ। ମିସେସ୍ ଡୋନର ବାରମ୍ବାର କହୁଥାନ୍ତି ମୋତେ ରେସିପି ଶିଖାଇବେ ନିଶ୍ଚୟ ତା' ପରଦିନ ସକାଳୁ ଗୋଟେ ଡାଏରୀ ଆଣି ବୋଉଙ୍କ ପାଖରେ ବସିଗଲେ ଏବଂ ସବୁ ଖାଦ୍ୟ ପ୍ରଣାଳୀ ଲେଖିନେଲେ। ସେମାନଙ୍କୁ ପୁଡ଼ିଙ୍ଗଟା ବେଶ୍ ପସନ୍ଦ ଲାଗିଲାମାନେ ଖିରୀଟା। ବୋଉଙ୍କର ଖୁସି କହିଲେ ନସରେ।

ଏହିଠାରେ ଆଉ ଏକ ବଡ଼ ଆଶ୍ଚର୍ଯ୍ୟ ଘଟଣା ବର୍ଣ୍ଣନା କରୁଛି। ଆମେ ଲିସା ଘରେ ପହଞ୍ଚିବାର ପରଦିନ ଆମେ ସକାଳ ଜଳଖିଆ ଖାଇସାରି ବଜାର ଆଡ଼େ, ବୁଲିଗଲୁ ସେପଟେ ଖବରକାଗଜ ସବୁ ରାସ୍ତାକଡ଼ରେ ଗଦା ଗଦା ଥୁଆ ହୋଇଥାଏ ମାଗଣାରେ ଲୋକେ ନେଇ ପଢ଼ନ୍ତି ଯାହାର ଯେପରି ଇଚ୍ଛା। ବାପା ତ ପଢ଼ାପଢ଼ିରେ ମସ୍ତ। ଖବରକାଗଜ ଗୋଟେ ଉଠାଇ ଆଣିଲେ ପଢ଼ିବା ପାଇଁ। ଦେଖିଲା ବେଳକୁ ଆମମାନଙ୍କର ଫଟୋ ସେଥିରେ। "ଭାରତୀୟ ପରିବାର ଆମ ଘରେ"। ଆମେ ପହଞ୍ଚିବା ପରଦିନ ଫଟୋ ଉଠା ହୋଇଥିଲା ଆମେ ଜାଣିନଥିଲୁ ଖବର କାଗଜରୁ ଫଟୋଗ୍ରାଫର ଆସିଥିଲା। ଆମକୁ ସେମାନେ ସର୍ପରାଇଜ କରିବା ପାଇଁ କହି ନଥିଲେ। ଆମ ନାଁ ଗାଁ ସବୁ ବିସ୍ତୃତ ଭାବରେ ପ୍ରକାଶ ପାଇଥିଲା 'Home Daily News' ନ୍ୟୁୟର୍କ ଏଡ଼ିସନ୍‌ରେ। ଆମ ଆଶ୍ଚର୍ଯ୍ୟର ସୀମା ରହିଲା ନାହିଁ। ଫେରିଲା ପରେ ଡୋନର ପରିବାରକୁ ଧନ୍ୟବାଦ ଦେଲୁ ସରପ୍ରାଇଜ୍ ପ୍ରକୃତରେ ଆମକୁ ସରପ୍ରାଇଜ୍ ଦେଲା। ଏହିପରି ଖୁବ୍ ଖୁସିରେ ୩/୪ ଦିନ ତାଙ୍କ ଘରେ ବିତାଇ ଆମେ ଆମ ଦେଶକୁ ଅଢ଼େଇ ବର୍ଷ ପରେ ଫେରିଲୁ। (ଫଟୋ ପ୍ରକାଶିତ)

୧୨୫ ଚର୍ଲସ୍ ଷ୍ଟ୍ରିଟ୍ ଥିଲା 'ଲିଟଲ ଇଣ୍ଡିଆ'

ଆମ ଘରର ଠିକଣା ଥିଲା ୧ ୨ ୫ ଚର୍ଲସ୍ ଷ୍ଟ୍ରିଟ୍ ୱାଲଥାମ୍‌ରେ ବାପାଙ୍କୁ ବନ୍ଧୁମାନଙ୍କ ସଙ୍ଗେ ମିଶିବା ମିଶିକରି ଭୋଜନ କରିବା, ଗପସପ କରିବା ଆଦି ବେଶ୍ ପସନ୍ଦ । ସେହି ସମୟରେ ଏତେ ଓଡ଼ିଆ ନଥିଲେ କି ଓଡ଼ିଆ ସୋସାଇଟି ବା 'ଓସା' ଗଢ଼ା ହୋଇନଥିଲା । ଓଡ଼ିଆ ଲୋକ, ବ୍ୟାଚେଲର୍ ଖୁବ୍ କମ୍ ଥିଲେ । ତେଣୁକରି ପାଖ ଆଖରେ ଥିବା ଅଳ୍ପ କିଛି ଭାରତୀୟଙ୍କ ସଙ୍ଗେ ବାପା ବୋଉ ଖୁବ୍ ବନ୍ଧୁତା କରି ବସିଲେ । ଆମ ଘର ସବୁ ଭାରତୀୟଙ୍କ ପାଇଁ ଥିଲା ଲିଟଲ୍ ଇଣ୍ଡିଆ ମୁଁ ଆଗରୁ ଲେଖିଛି ।

ଆଜିର ପରି ଭାରତୀୟଙ୍କର ପ୍ରିୟ କାଟିଲଗା ମାଛ ମିଳିବା ସମ୍ଭବପର ନଥିଲା । ବାପାଙ୍କର କେତେଜଣ ବଙ୍ଗାଳୀ ବନ୍ଧୁ ବୋଷ୍ଟନ ପାଖ କେମ୍ବ୍ରିଜ୍ ସହରରେ ତଟକା ରୋହି, ଭାକୁଡ଼ ମିଳୁଥିବାର ଖବର ପାଇ ସେଇଠିକୁ ଯାଇ ବାପା ମାଛ ଆଣନ୍ତି । ବୋଉଙ୍କୁ ରାନ୍ଧିବାକୁ ବହୁତ ଭଲ ଲାଗେ । ବୋଉ ସମସ୍ତଙ୍କର ପ୍ରିୟ ମାଛଭଜା, ପଲାଉ, ମାଛ ବା ଚିକେନ୍ ଝୋଳ, ଡାଲି, ତରକାରୀ, ଦହି ବାଇଗଣ, ଘାଣ୍ଟ ତରକାରୀ ଇତ୍ୟାଦି କରି ସେଠାରେ ଥିବା କିଛିଟା ଭାରତୀୟ ପରିବାରମାନଙ୍କୁ । ସେମାନେ ଏକା ଏକା ଭାରତରେ ପରିବାର ଛାଡ଼ି ଯାଇଥାନ୍ତି । ତେଣୁ ସେମାନଙ୍କୁ ଛୁଟିଦିନରେ ଆମ ସାଙ୍ଗେ ରହିବାକୁ ଭଲ ଲାଗେ ।

ସେତେବେଳେ ଖୁବ୍ କମ୍ ଭାରତୀୟ ସେଠାରେ । ଭାରତୀୟ ହୋଟେଲ ବା ଭାରତୀୟ ଦୋକାନ ଆଦୌ ନଥିଲା । ରାନ୍ଧି ନ ଜାଣିଥିଲେ ଓଡ଼ିଆ ଖାଦ୍ୟ ଆଦୌ ମିଳିବ ନାହିଁ । ବାପାଙ୍କର ଏକାଠି ବସିବା, ଭୋଜନ କରିବା, ହିନ୍ଦୀ ସିନେମା ଗୀତ ଶୁଣିବା ବଡ଼ ସୌକ । ତେଣୁ ବାପା ସେଠାକାର ଓଡ଼ିଆ ନୁହେଁ ତ

ଭାରତୀୟମାନଙ୍କ ସଙ୍ଗେ ବାପାଙ୍କର ଦୃଢ଼ ବନ୍ଧୁତା ହୋଇଗଲା । ସେତେବେଳେ ଆଜିର ପରି ଏତେ ଓଡ଼ିଆ ନଥିଲେ ବା ଓଡ଼ିଆ ସୋସାଇଟି ଓସା (OSA) ଗଢ଼ା ହୋଇନଥିଲା । ଛୁଟିଦିନମାନଙ୍କରେ ଭାରତୀୟ ବନ୍ଧୁମାନେ ଆମ ଘରେ ଦିନ କଟାଇବାକୁ ଖୁସି ପାଆନ୍ତି । ବୋଉଙ୍କୁ ରାନ୍ଧିବାକୁ ଖୁସି । ବିଭିନ୍ନ ପ୍ରକାର ଓଡ଼ିଶା ଖାଦ୍ୟ ସେମାନଙ୍କୁ ମିଳିଯାଏ, ତେଣୁ ସେମାନେ କୁହନ୍ତି ଆମ ଘରଟି ଏକ ପ୍ରକାରର 'ଲିଟର ଇଣ୍ଡିଆ' । ହିନ୍ଦୀ ଗୀତ ସାଙ୍ଗକୁ ଭାରତୀୟ ସ୍ୱାଦିଷ୍ଟ ରନ୍ଧା ଦହିବରା, ଆଳୁଦମ୍, ଚଟ୍ ଇତ୍ୟାଦି ବେଶ୍ ଜମିଯାଏ । ବାପାଙ୍କର ହିନ୍ଦୀ ସିନେମା ଗୀତ ବହୁତ ପସନ୍ଦ । ତେଣୁ ସୁନ୍ଦର ସୁନ୍ଦର ହିନ୍ଦୀଗୀତ ଚାଲେ । ମାଛ ମୁଣ୍ଡ ଛେଞ୍ଚଡ଼ା ସମସ୍ତଙ୍କର ବେଶ୍ ପ୍ରିୟ । ଏହା ସାଙ୍ଗକୁ ସୁସ୍ୱାଦୁ ଭାରତୀୟ ରନ୍ଧା । ସମସ୍ତେ ବେଶ୍ ଖୁସିରେ କିଛି ସମୟ ଆମ ଘରେ କଟାନ୍ତି ।

ଆଜିର ପରି ଭାରତୀୟ କାତିଲଗା ମାଛ ସେତେବେଳେ ଆଦୌ ମିଳେ ନାହିଁ । ବାପାଙ୍କର କେତେଜଣ ବଙ୍ଗାଳୀ ବନ୍ଧୁ ବୋଷ୍ଟନ ପାଖ କେମ୍ବ୍ରିଜ ସହରରେ ତଟକା ରୋହି, ଭାକୁର ମାଛ ମିଳୁଥିବାର ଖବର ପାଇ ଠିକଣା ଦେଇଥାନ୍ତି ସେଇଠିକୁ ବାପା ନିଜେ ଡ୍ରାଇଭ୍ କରିଯାଇ ମାଛ ଆଣୁଥିଲେ । ବଡ଼ ବଡ଼ ମାଛଗୁଡ଼ିକ ଆକୁରିୟାମ୍‌ରେ ରଖିଲା ଭଳି କାଚ ବାକ୍ସରେ ତାଜା ରଖିଥାନ୍ତି । ଯେଉଁ ମାଛ ପସନ୍ଦ କହିଲେ ସେହିଥିରୁ ବାହାର କରି କାଟି କରି ଦିଅନ୍ତି । ମୁଣ୍ଡକୁ ଫୋପାଡ଼ି ଦେଉଥିଲେ, ଆମେ ମନା କରୁ । ବୋଉ ବେଶ୍ ସ୍ୱାଦିଷ୍ଟ ମାଛ ଝୋଳ ରାନ୍ଧନ୍ତି ସମସ୍ତଙ୍କୁ ବେଶ୍ ପସନ୍ଦ ଲାଗେ । ଭାରତୀୟ ହୋଟେଲ୍ ଗୋଟେ ବି ନଥାଏ । ପ୍ରତ୍ୟେକ ପର୍ବପର୍ବାଣୀ ଆମ ଘରେ ପାଳନ ହେଉଥାଏ । ଭାରତୀୟଙ୍କର ଖୁସି କାହିଁରେ କ'ଣ ।

ଏମିତି ନୁହେଁ ଯେ ଆମେ ଖାଲି ଭାରତୀୟ ବନ୍ଧୁଙ୍କୁ ଆମ ଘରକୁ ନିମନ୍ତ୍ରଣ କରୁଥିଲୁ । ଆମର କେତେଜଣ ଆମେରିକାନ୍ ବନ୍ଧୁ ସମୟ ସମୟରେ ଆମ ଘରକୁ ଆସନ୍ତି । ମିସେସ୍ ଲୁଡ଼ର ଆଣ୍ଟି ଓ ମିସେସ୍ ଗୁଲୋଟି ଆଣ୍ଟି ଅଧିକାଂଶ ଛୁଟିଦିନରେ ଆମ ଘରେ କଟାନ୍ତି । ବାପା ବୋଉଙ୍କୁ କୁହନ୍ତି ତୁମର ଯେପରି

ଭାରତରେ ଏତେ ସାଙ୍ଗ ସାଥି ଏଠାରେ ମଧ୍ୟ ଅଳ୍ପଦିନରେ କେତେ ସାଙ୍ଗ କରିପକାଇଲଣି । ଇଂରାଜୀ କହିବା ସେମାନଙ୍କର ଅନ୍ୟ ଦେଶ ଇଂରାଜୀ କହିବା ଠାରୁ ବେଶ ଭିନ୍ନ ବୋଉ କିନ୍ତୁ ଅଳ୍ପଦିନରେ ତାଙ୍କ ଭଳି କହିବା ଶିଖିଗଲେ ତାଙ୍କ ବାପାଙ୍କୁ ଟିକିଏ ସମୟ ଲାଗିଲା । ବୋଧହୁଏ ଆମେମାନେ ସେମାନଙ୍କ ସହିତ ବେଶି ମିଶୁଥିଲୁ ବୋଲି ଆମେ ତାଙ୍କ ଇଂରାଜୀ କହିବାଟା ଶୀଘ୍ର ଧରିନେଲୁ । ବାପା ତାଙ୍କ ଗବେଷଣାରେ ବ୍ୟସ୍ତ । ତେଣୁ ଏତେ କଥାବାର୍ତ୍ତା କରିବାକୁ ସମୟ ମିଳେ ନାହିଁ । ତେଣୁ ତାଙ୍କ ଇଂରାଜୀ ଶିଖିବା ଏତେ ସହଜ ହୋଇନାହିଁ । ବୋଉ କିନ୍ତୁ ଆମେରିକାନ୍ ସାଙ୍ଗ, ଇଟାଲିଆନ୍ ସାଙ୍ଗ, ସ୍ପାନିଶ ସାଙ୍ଗ ଜାପାନିଜ୍ ସାଙ୍ଗ ଏହିପରି ବିଭିନ୍ନ ଦେଶର ଲୋକଙ୍କ ସଙ୍ଗେ ଅତିଶୀଘ୍ର ବନ୍ଧୁତା କରିପକାଇଲେ । କାହାକୁ ଶିଙ୍ଗଡ଼ା ଶିଖାଇଲେଣି ତ କାହାକୁ କୁକୁଡ଼ା ଝୋଳ ପୁଣି କାହାକୁ ଖିରି ଏବଂ ସେମାନଙ୍କ ଠାରୁ ବିଭିନ୍ନ ପ୍ରକାରର କେକ୍, ବିସ୍କୁଟ୍, ପାଉଁରୁଟି, ଇଟାଲିୟାନ୍ ପିଜା, ମୋମୋ ଇତ୍ୟାଦି ସେମାନେ ବୋଉଙ୍କୁ ଶିଖାନ୍ତି । ଆମ ଘରେ ବୋଉଙ୍କ ସଙ୍ଗରେ ଘଣ୍ଟା ଘଣ୍ଟା ବିତଉଥାନ୍ତି । ବୋଉ ମଧ୍ୟ ସେମାନଙ୍କ ଘରେ ବେଶି ସମୟ କଟାଉଥାନ୍ତି । ବିଭିନ୍ନ ଦେଶର ଲୋକଙ୍କ ସଙ୍ଗେ କି ଅଦ୍ଭୁତ ବନ୍ଧୁତା । ସେମାନେ ପ୍ରତ୍ୟେକ ମଧ୍ୟ ଆମ ସାଙ୍ଗରେ ବନ୍ଧୁତା କରିବାକୁ ବଡ଼ ଆଗ୍ରହୀ ପଛରେ ସେଓ ଆସିଗଲେ ଆମ ଘରବାଲା ମିଷ୍ଟର ଗୁଲୋଟି ମୋ' ପାଇଁ ଓ ମୋ' ଛୋଟ ଭାଇ ପାଇଁ ସେହି ସେଓ ଧରି ସକାଳୁ ସକାଳୁ ଆମ ଘରକୁ ଆସିଥାନ୍ତି, ଠିକ୍ ନିଜର ଅଜା ଭଳି । ମୋର ଏହି କଥାଟି ବହୁତ ମନେପଡ଼େ ।

ଯୁକ୍ତରାଷ୍ଟ୍ର ଭିତରେ ମାସାଚ୍ୟୁସେଟ୍‌ସ୍ ଏକ ଉନ୍ନତ ଓ ଧନଶାଳୀ ରାଜ୍ୟ । ଶହଶହ ପ୍ରକାର ଶିଳ୍ପଜାତ ପଦାର୍ଥର କାରଖାନା ଏହି ରାଜ୍ୟରେ ଅଛି । ଶିକ୍ଷା ଓ ଗବେଷଣା ଦିଗରେ ଏହି ରାଜ୍ୟଟି ମଧ୍ୟ ଅନ୍ୟାନ୍ୟ ରାଜ୍ୟ ତୁଳନାରେ ବେଶ୍ ଆଗରେ । ହାରଭାର୍ଡ଼ ଓ ମାସାଚ୍ୟୁଟେସ ଇନ୍‌ଷ୍ଟିଚ୍ୟୁଟ୍ ଅଫ୍ ଟେକ୍‌ନୋଲୋଜି ଭଳି ବିଖ୍ୟାତ ଅନୁଷ୍ଠାନ ଏହିଠାରେ ଦେଖିବାକୁ ମିଳେ । ଏହି ରାଜ୍ୟର ରାଜଧାନୀ ହେଉଛି ବୋଷ୍ଟନ । ଏହା ଆମ ଦେଶର କଲିକତା

ସହର ଭଳି । ୧୬୩୦ରେ ଇଉରୋପୀୟ ଔପନିବେଶିକମାନଙ୍କ ଦ୍ୱାରା ଏହା ପ୍ରତିଷ୍ଠିତ ହୋଇଥିଲା ।

ମୋ ଜନ୍ମଦିନ ପଡ଼ିଲା, ସେମାନେ ତାଙ୍କ ରୀତିନୀତିରେ କେକ୍ ଆଣି ଆମ ପତାକା ଓ ତାଙ୍କ ପତାକା ରଖି କେକ୍ କଟାହେଲା । ଉପହାର ମଧ୍ୟ ପିଲାମାନେ ଓ ବାପା-ମା' ସମସ୍ତେ ଦେଇ ହାପି ବର୍ଥଡେ ଗୀତ ଗାଇ ଖୁବ୍ ଖୁସି କରାଇଲେ । ବିଦେଶରେ ମୋ ଜନ୍ମଦିନ ଏତେ ସୁନ୍ଦର ପାଳିତ ହେବ ଆଶା କରିନଥିଲି । ଆମର ତ ଭାରତରେ ଚକୁଳି ପିଠା ଓ ଖିରି ବୋଉ ତୁଳସୀ ଚଉଁରା ମୂଳରେ ପୂଜା କରିଥାନ୍ତି ନୂଆ ପୋଷାକ ଆମକୁ ପିନ୍ଧାଇଥା'ନ୍ତି ।

ଆମେମାନେ ସେଠାରେ ଅଢ଼େଇ ବର୍ଷ ରହିଲା ପରେ ଯେବେ ଆମେରିକା ଛାଡ଼ିଲୁ, କି କାନ୍ଦ ସେମାନଙ୍କର । ଏତିକି ଦିନରେ ଏତେ ଆତ୍ମୀୟତା । ଅନେକ ଦିନ ପର୍ଯ୍ୟନ୍ତ ଚିଠିର ଆଦାନ ପ୍ରଦାନ ଚାଲିଲା ଭାରତ ଫେରିଲା ପରେ । ସମୟ ସମୟରେ ବାପା-ବୋଉ ସେମାନଙ୍କୁ ନିମନ୍ତ୍ରଣ କରନ୍ତି । ଆମ ଘରେ ଆମ ସାଙ୍ଗରେ ଡିନର୍ ଅବା ଲଞ୍ଚ୍ କରିବାକୁ । ବାପା ମଧ୍ୟ କେତେ ଥର ମୁଁ ଦେଖିଛି ତାଙ୍କ ପ୍ରଫେସରଙ୍କୁ ଘରକୁ ନିମନ୍ତ୍ରଣ କରିଥାନ୍ତି । ସେମାନେ ଭାରତୀୟ ରନ୍ଧା ଖୁବ୍ ଖୁସିରେ ଖାଆନ୍ତି, ବଡ଼ ପ୍ରଶଂସା କରନ୍ତି । ବୋଉ କୁହନ୍ତି ଶିଝା ଖାଇ ଖାଇ ପାଟିଗୁଡ଼ିକ ତାଙ୍କର ଖରାପ ହେଇଯାଇଛି । ତେଣୁ ଆମ ଚିକେନ୍ ଝୋଳ ପାଟିକୁ ନିଶ୍ଚୟ ସୁଆଦିଆ ଲାଗୁଛି । ଏହିପରି ବାପା ବୋଉଙ୍କର ହସ କାହିଁରେ କ'ଣ । ଆଜିକାଲି ଧଳା ଲୋକ ବା ଆମେରିକାନ୍ ଲୋକଙ୍କୁ ଘରକୁ ନିମନ୍ତ୍ରଣ କରିବା ଏତେ ସହଜ ହୋଇନାହିଁ । ସେମାନେ ମଧ୍ୟ ଭାରତୀୟଙ୍କୁ ଖୁବ୍ କମ୍ ନିମନ୍ତ୍ରଣ କରିବାର ଦେଖାଯାଏ । କ'ଣ ପାଇଁ ଏହିପରି ପରିବର୍ତ୍ତନ କଥାବାର୍ତ୍ତା; କିନ୍ତୁ ଯିବା ଆସିବା ପ୍ରାୟ ନାହିଁ କହିଲେ ଚଳିବ ।

ଏହି ଗତବର୍ଷ ମୁଁ ଝିଅ ଘରକୁ ଯାଇଥିଲି, ତା'ର ବସ୍ ତାକୁ ଥଟ୍ଟା କରନ୍ତି ତୁମ ମାମୀ ଆସିଛନ୍ତି ବଢ଼ିଆ ସୁଆଦିଆ ଭାରତୀୟ ରନ୍ଧା ସବୁ ଖୁଆଉଥିବେ । ମୁଁ କହିଲି "ତାଙ୍କୁ ଥରେ ଘରକୁ ନିମନ୍ତ୍ରଣ କରେ" । "ନାନା

ଘରକୁ ନୁହେଁ ଭାରତୀୟ ହୋଟେଲ୍‌କୁ ନିମନ୍ତ୍ରଣ କରିବା ଘରେ ଖାଇଲେ କିଛି ଯଦି ଅସୁବିଧା ହେବ। ନା, ନା, ଏହା ଶୁଣି ଝିଅ କହିଲା ଏକ ଭାରତୀୟ ହୋଟେଲ୍‌ରେ ତାଙ୍କୁ ଖୁଆଇଦେବା ସବୁଠାରୁ ଭଲ। ଆଜିକାଲି ତ ଅନେକ ଭାରତୀୟ ହୋଟେଲ୍। ଦେହ ଖରାପ ହେବାର କାରଣ ନାହିଁ। ବର୍ତ୍ତମାନ ଏହିପରି ପରିସ୍ଥିତି। ଖୁବ୍ କ୍ୱଚିତ୍ ଆମେରିକାନ୍ ବନ୍ଧୁମାନେ ଘରକୁ ଯା' ଆସ କରିଥାଆନ୍ତି। କଲିଗ୍ ମାନେ ବେଶ୍ ଭଲ ଝିଅର ଅନେକ ସାଙ୍ଗ ଘଣ୍ଟା ଘଣ୍ଟା ଗପ ଭାରତୀୟ ଭଳି। ସେହି ସମୟରେ କାଁ ଭାଁ ଭାରତୀୟ, ଆମେରିକାନ୍‌ଙ୍କ ସଙ୍ଗରେ ବନ୍ଧୁତା ନକଲେ ଚଳିବ କେମିତି ? ଆଜିକାଲି ଭାରତୀୟଙ୍କ ସଂଖ୍ୟା ବେଶ୍। ପୁଣି ସେଠାରେ ବର୍ଷ ବର୍ଷ ଧରି ରହି ଛୁଆପିଲା ନେଇ ରୁହନ୍ତି, ଯାହାକୁ କୁହନ୍ତି ଏନ୍.ଆର୍.ଆଇ. (NRI) ଅଜସ୍ର। ତେଣୁ ଚିନ୍ତା କ'ଣ ? ଭାରତୀୟମାନେ ଭାରତୀୟଙ୍କ ସଙ୍ଗେ ମିଶିଲେ ପାର୍ଟି କଲେ ଖୁସିରେ ରହିଲେ। କ'ଣ ପାଇଁ ଏହିପରି ପରିସ୍ଥିତି ଆସିଲା। ମୁଁ ପ୍ରଥମ ଥର ଏତେବର୍ଷ ପରେ ଆମେରିକା ଯାଇ ଦେଖିବାକୁ ପାଇଲି। ସେଠାକାର ଲୋକେ ସେହିପରି ଭଦ୍ର ଫ୍ରେଣ୍ଡ୍‌ଲି ଅଛନ୍ତି; କିନ୍ତୁ ଘନିଷ୍ଠତା ବଢ଼ିପାରେ ନାହିଁ। ନିଜ ଦେଶର ଲୋକଙ୍କ ସଙ୍ଗେ ମିଶୁଥାନ୍ତି।

ଇଟାଲିଆନ୍ ଗୁଲୋଟି ଆଣ୍ଟି ଅନେକ ଥର ଆମ ଘରକୁ ଆସି ବୋଉଙ୍କୁ ପିଝା ଓ ବେକରି ଜିନିଷ ଶିଖାଇବାରେ ମୋର ମନେଅଛି। ବାପା ବୈଜ୍ଞାନିକ ରିସର୍ଚ୍ଚରେ ଯାହା ଜ୍ଞାନ ଅର୍ଜନ କଲେ ବୋଉ ମଧ୍ୟ ସେଠାକାର ଲୋକଙ୍କ ସଙ୍ଗେ ମିଶି ବେଶ୍ ଗୁଡ଼ିଏ ଜିନିଷ ଶିଖି ପାରିଲେ। ଇଂରାଜୀରେ ତାଙ୍କ ସଙ୍ଗେ କଥାବାର୍ତ୍ତା କରି ସୁଏଟର ବୁଣାଠାରୁ ରନ୍ଧାରନ୍ଧି ସବୁ ଶିଖିପାରିଲେ, କାରଣ ସେମାନଙ୍କର ଦୃଢ଼ ବନ୍ଧୁତା ଯୋଗୁଁ। ବୋଉଙ୍କର ବେଶ୍ ଖୁସି ଆରାମରେ ସମୟ କଟିଲା। ଯଦିଓ ଭାରତୀୟ ବା ଓଡ଼ିଆ ବନ୍ଧୁ ଏତେଟା ପାଇପାରି ନାହାନ୍ତି।

ମୁଁ ମଧ୍ୟ ସେଠାକାର ସ୍କୁଲରେ ଅଢ଼େଇ ବର୍ଷ ଅଧ୍ୟୟନ କରି ପିଲାଙ୍କ ସଙ୍ଗରେ ମିଶି ସେମାନଙ୍କର ରୀତିନୀତି କିଛିଟା ଜାଣିଲି। ସେମାନଙ୍କ ସଙ୍ଗେ କଥାବାର୍ତ୍ତା କରି ମୁଁ ମଧ୍ୟ ତାଙ୍କ ଇଂରାଜୀ ଉଚ୍ଚାରଣ ଅନୁକରଣ କରିନେଲି।

ଫଳରେ ମୁଁ ଆସି କଟକ କନ୍‌ଭେଣ୍ଟ୍‌ରେ ସବୁବେଳେ ମୋତେ କିଛି ବକ୍ତୃତା ବା ଆନାଉନ୍‌ସମେଣ୍ଟ୍ କରିବାକୁ କହୁଥିଲେ । ଆଜି ପର୍ଯ୍ୟନ୍ତ କିଛିଟା ଅଭ୍ୟାସ ରହିଛି ମୋର ମୁଁ ଅନୁଭବ କରେ ଓ ସେଥିପାଇଁ ଭଲ ଓରେଟର ହୋଇପାରିଲି ମଧ୍ୟ ।

ଆମ ଘରେ ଖାଇବା ପାଇଁ ବାରମ୍ବାର ନିମନ୍ତ୍ରଣ କରିଥାଆନ୍ତି । ଶନିବାର ଓ ରବିବାର ଆମ ଘରେ ପାର୍ଟି ନିଶ୍ଚୟ । ସେମାନେ କୁହନ୍ତି ସେହି ଆଣ୍ଟି ନିଜ ପରିବାର ଭଳି ଲାଗୁଥାନ୍ତି । ସେମାନେ ଖୁସି ହୋଇ କୁହନ୍ତି ଆମେ ଯାହା କିଛି ରନ୍ଧା ଜାଣିଛୁ କିନ୍ତୁ ଏତେ ସୁଆଦିଆ ହୁଏ ନାହିଁ । ବୋଉଙ୍କ ରନ୍ଧା ସ୍ୱତନ୍ତ୍ର ଥିଲା ସମସ୍ତଙ୍କ ପାଇଁ । ସେହିଥିରେ ବାପାଙ୍କର ଖୁସି କାହିଁରେ କ'ଣ । ସେହି ସମୟରେ ଗୋଟିଏ ମଧ୍ୟ ଭାରତୀୟ ରେଷ୍ଟୁରାଣ୍ଟ୍ ନଥିଲା । ଆଜିକାଲି ଭାରତୀୟ ରେଷ୍ଟୁରାଣ୍ଟ୍ କୋଣେ କୋଣେ ଦେଖିବାକୁ ମିଳିଥାଏ । ଭାରତୀୟ ଖାଦ୍ୟ ଆମେରିକାନ୍‌ଙ୍କୁ ବେଶ୍ ପସନ୍ଦ ଲାଗେ । ଦୋଷା, ଇଡ୍‌ଲି, ସିଙ୍ଗଡ଼ା, ପୁରୀ, ଛୋଲେ ଇତ୍ୟାଦି ଖାଇବାକୁ ଆଜିକାଲି ଭିଡ଼ ଜମାନ୍ତି ବିଦେଶୀ ଲୋକ । ଆମ ଘରକୁ ନିୟମିତ ଆସୁଥିବା ଭାରତୀୟମାନେ କୁହନ୍ତି ୧୨୫ ଚର୍ଲସ୍ ଷ୍ଟ୍ରିଟ୍ ଆମ ପାଇଁ ଲିଟିଲ୍ ଇଣ୍ଡିଆ ବାପାଙ୍କର ହିନ୍ଦୀ ଗୀତରେ ବଡ଼ ସୌକ । ହିନ୍ଦୀ ଫିଲ୍ମ ଗୀତ ଶୁଣିବାକୁ ବହୁତ ଭଲ ପାଆନ୍ତି ନିଜେ ମଧ୍ୟ ଅନେକ ସମୟରେ ଗୁଣୁ ଗୁଣୁ ହେଉଥାଆନ୍ତି । ଟେପ୍ ରେକର୍ଡ଼ ଟେ ବାପା କିଣି ଦେଇଥାନ୍ତି ଏବଂ ଗୋଟେ ଖୁବ୍ ବିରାଟ ରେକର୍ଡ଼ ପ୍ଲେୟର୍ । ସେତେବେଳର ଏହି ଯନ୍ତ୍ର ବେଶ୍ ବଡ଼ ବଡ଼ ଆଜିକାଲି ଛୋଟ ମୋବାଇଲ୍‌ରେ ସବୁ କାମ ହୋଇଯାଉଛି । ଏହି ସବୁରେ ସୁନ୍ଦର ସୁନ୍ଦର ହିନ୍ଦୀ ଫିଲ୍ମ ଗୀତ ଚାଲେ ଓ ତା' ସାଙ୍ଗରେ ପକୁଡ଼ି, କଫି ଓ ଚା ଅନବରତ ଚାଲିଥାଏ । ବୋଉଙ୍କୁ କିଛି କଷ୍ଟ ଲାଗେ ନାହିଁ ବରଂ ଖୁସି ଲାଗେ, କେତେ ଖୁସିରେ ଭାରତୀୟମାନେ ଖାଉଥାନ୍ତି । କେହି ପରିବାର ନେଇ ଯାଇନଥାନ୍ତି ସମସ୍ତେ ବ୍ୟାଚେଲର୍ ବା ପରିବାର ଭାରତରେ ଛାଡ଼ି ଆସିଛନ୍ତି କି ସୁନ୍ଦର ଅନୁଭୂତି ଭାରତୀୟମାନେ ଏକଜୁଟ୍ ହୋଇ ଖାଉଥାନ୍ତି ଭାରତୀୟ ରନ୍ଧା । ବଙ୍ଗାଳୀ, ଓଡ଼ିଆ, ତେଲୁଗୁ, ତାମିଲ୍ ଆଦି । ଆଜିକାଲି ପରି ନୁହେଁ । ନିଜ ନିଜର ସୋସାଇଟି ଅଲଗା ଅଲଗା ଅଛି ଯେପରି ଓସା (OSA) ଆମ ଓଡ଼ିଆମାନଙ୍କର ସୋସାଇଟି ମାସିକିଆ ମିଟିଂ ହୁଏ ପୁଣି ବର୍ଷକୁ ଥରେ ବିରାଟ ଫଙ୍କସନ୍ ସବୁଆଡ଼ ହଜାର

ହଜାର ଓଡ଼ିଆ ଲୋକ ଆସନ୍ତି ମୁଁ ମଧ୍ୟ ୨ ଥର ଆଟେଣ୍ଡ କରିଛି । ମୋତେ ଓସା ତରଫରୁ ହେଲଥ ସେମିନାରରେ ଭାଗନେବା ପାଇଁ ଥରେ ନିମନ୍ତ୍ରଣ ପାଇଥିଲି । ସେହି ବର୍ଷ ଓସା ସମ୍ମିଳନୀ ଡାଲାସରେ ହେଉଥିଲା ପୁଅ ସୁରଜିତ୍ ଆମକୁ ନେଇଥିଲା । ୩ ଦିନିଆ ଫଙ୍କସନ୍ ହୁଏ ସୋଭେନିଅର୍ ବାହାରେ ଓଡ଼ିଆ ସାଂସ୍କୃତିକ ପ୍ରୋଗ୍ରାମ୍ ଓଡ଼ିଆ ଖାଦ୍ୟ ଆଦି କରାଯାଉଛି । ଓଡ଼ିଆ ଖାଦ୍ୟ ସେହି ଫଙ୍କସନ୍‌ରେ ତିଆରି ହୁଏ, ସେହିଭଳି ୧୨୫ ଚାର୍ଲସ ଷ୍ଟ୍ରିଟ୍ ବା ଆମ ଘରେ ବୋଉଙ୍କର ସୁସ୍ୱାଦୁ ଓଡ଼ିଆ ଖାଇବା ସମସ୍ତଙ୍କୁ ମିଳୁଥିଲା । ସେଥିପାଇଁ ଆମ ଘର ୧୨୫ ଚାର୍ଲସ ଷ୍ଟ୍ରିଟ୍‌କୁ "ଲିଟଲ ଇଣ୍ଡିଆ" ଭାରତୀୟମାନେ ନାମ ରଖିଥିଲେ ।

ବୋଷ୍ଟନରୁ ବିଦାୟ ଓ ଫେରନ୍ତା ବାଟରେ ବିଦେଶ ବୁଲା

ଦିନ ଥିଲା । ଅଗଷ୍ଟ ମାସ ୩୦ ତାରିଖ ଶୁକ୍ରବାର ୧୯୬୩ ମସିହା । ୱାଲଥାମ ତଥା ବୋଷ୍ଟନରୁ ଫେରିଲା ବେଳକୁ ମିସେସ୍ ଲିଉଇସ୍, ମିସେସ୍ ଗୁଲୋଟି ମିସେଲ୍ ଲୁଡେରଙ୍କର କି ମନଦୁଃଖ, ବୋଉଙ୍କର ମଧ୍ୟ ଖାଲି ଲୁହ ବୋହିଯାଉଥାଏ ଯେପରି ଝିଅ ବିଦା ଭଳି ଆଉ କେବେ ସେମାନଙ୍କ ସଙ୍ଗରେ ଦେଖା ହେବନାହିଁ । କୁଣ୍ଡା କୁଣ୍ଡି ଲୁହ ପୋଛାପୋଛିରେ ସେହିଦିନ ଆମେ ସେଠାରୁ ବିଦାୟ ନେଲୁ ଠିକ୍ ସେହିପରି ନ୍ୟୁଜର୍ସିରେ ଡୋନର୍ ପରିବାରଙ୍କ ଠାରୁ ଲୁହ ପୋଛାପୋଛି କୁଣ୍ଡାକୁଣ୍ଡିରେ ବିଦାୟ ନେଲୁ । ଉପହାର ଆଦାନ ପ୍ରଦାନ ସରିଲା । ବୋଉଙ୍କର ଗୋଟେ ପିଓର୍ ସିଲ୍କଶାଢ଼ୀ ବଳିଯାଇଥିଲା ବୋଉ ସେଇଟିକୁ ଲିସାର ମା'ଙ୍କୁ ଉପହାର ଦେବା ସଙ୍ଗେ ପିନ୍ଧିବାର ଉପାୟ ମଧ୍ୟ ବତାଇ ଦେଲେ । କି ଖୁସୀ ଆନନ୍ଦ ଶାଢ଼ୀ ଉପହାର ପାଇ ଆଜି ପର୍ଯ୍ୟନ୍ତ ଲିସା ସଙ୍ଗେ ମୋର ଚିଠିର ଆଦାନ ପ୍ରଦାନ ଚାଲିଛି । ମା', ବାପା ଆଉ ନାହାନ୍ତି । ସେମାନଙ୍କର ଓ ମୋର ମଧ୍ୟ ବାପା-ମା' ଆଜି ସ୍ୱର୍ଗରେ । ଆମର ବନ୍ଧୁତା ଚିଠିର ଆଦାନ ପ୍ରଦାନରେ ଆମେ ରଖିପାରିଛୁ ।

ମିସେସ୍ ଡୋନର୍ ଆମକୁ ବିମାନଘାଟୀରେ ପହଞ୍ଚାଇ ଶେଷଥର ବିଦାୟ ଦେଇ ଫେରିଗଲେ । ୩/୪ ଦିନର ଖୁସି ମୁହୂର୍ତ୍ତ ଡୋନର ପରିବାରରେ ଅଭୁଲା ସ୍ମୃତି ହୋଇ ରହିଗଲା । ଭାରୀ ମନରେ ସେମାନଙ୍କ ଠାରୁ ବିଦାୟ ନେଇ ଫେରିଲୁ । ପ୍ରଥମ ରହଣୀ ଥିଲା ଆମର ଲଣ୍ଡନରେ ବାପାଙ୍କର ବନ୍ଧୁ ହରି ପଟ୍ଟନାୟକ

ମଉସା ଆସିଥାନ୍ତି । ଲଣ୍ଡନରେ ଆମର ରହଣି ଥାଏ ମାତ୍ର ଚାରିଦିନ । ହରିହର ମଉସା ଆମର ଲଣ୍ଡନ ପରିକ୍ରମାର ଏକ ପ୍ରୋଗ୍ରାମ କରିଥାନ୍ତି । କେଉଁଦିନ ଲଣ୍ଡନର କେଉଁ କେଉଁ ଅଂଶ ସୁବିଧାରେ ଦେଖି ହେବ । ହରି ମଉସା ଏକା, ପରିବାର ଭାରତରେ । ତେଣୁ ଆମେ ଗୋଟେ ହୋଟେଲ୍‌ରେ ରହିଲୁ ଏବଂ ଆମେରିକାରେ ସିନା ଭାରତୀୟ ହୋଟେଲ ନଥିଲା କି ଭାରତୀୟ ଜିନିଷ ମିଳୁଥିବା ଗୋଟେ ବି ଦୋକାନ ନଥିଲା (ଆଜିକାଲି ଭାରତୀୟ ଦୋକାନ ପ୍ରତି ଗଳିରେ ମିଳିଯାଏ) ଲଣ୍ଡନରେ କିଛିଟା ଭାରତୀୟ ହୋଟେଲ୍ ଥିଲା ।

ଏଠାକାର ଭାରତୀୟ ହୋଟେଲ୍‌ରେ ଭାତ, ଡାଲି, କୁକୁଡ଼ା ମାଂସ ଝୋଳ ଖୁବ୍ ଭଲରେ ଖାଇବାକୁ ପାଇଲୁ । ପୁଣି ଖୁସିର କଥା ହରି ମଉସା ବାପା ବୋଉଙ୍କୁ ଲଣ୍ଡନରୁ ପାନ ଖାଇବାକୁ ଦେଲେ । ପାନ ଖଣ୍ଡିଏ ବେଶ ଦାମ ହେଲେ ମଧ୍ୟ ଖଣ୍ଡେ ଖଣ୍ଡେ ସମସ୍ତେ ଖାଇଲେ । ବାପାଙ୍କୁ ପ୍ରତ୍ୟେକ ଦିନ କଲେଜ ଗଲାବେଳକୁ ୪ ଖଣ୍ଡ ସାଧା ଧନିଆ ଗୁଜୁରାତୀ ଦେବା ପାନ ବାପାଙ୍କର ଦରକାର ହୁଏ ପ୍ରତ୍ୟେକ ଦିନ । ସେହି କାମଟି ମୋର ଥାଏ ବାପା ଖାଇବାକୁ ବସିଲେ ମୁଁ ଠିକ୍ ୪ ଖଣ୍ଡ ପାଠ ବନାଇକରି ଦେଇଥାଏ । ବାପାଙ୍କର ସାଦା ଗୁଜୁରାତୀ ଦିଆ ପାନ ଚାରିଖଣ୍ଡ ଦରକାର ହୋଇଥାଏ କ୍ଲାସ୍ ସାରି ଗୋଟିଏ ପାନ ଖାଇଥାନ୍ତି । ଆମେରିକା ରହଣୀରେ ଏହି ଅଭ୍ୟାସଟି ବାପାଙ୍କର ଆଉ ନଥିଲା । ଦରି ମଉସା ଲଣ୍ଡନରେ ପାନ ଦେଲାରୁ ବାପାଙ୍କୁ ବହୁତ ଖୁସି ଲାଗିଲା । ମୋର ଏହିଟା ନିତିଦିନର କାମ ଥାଏ ଏବଂ ମୋତେ ବେଶ୍ ଖୁସି ଲାଗେ । ଖାଇବା ସରିଲା ପରେ ସେ ୪ଟା ପର୍ଯ୍ୟନ୍ତ କ୍ଲାସ୍ ନେଇସାରିଲା ପରେ ଖଣ୍ଡେ ଖଣ୍ଡେ ଖାଉଥାନ୍ତି । ମୋତେ ଏହି ବାପାଙ୍କ ପାଇଁ ପାନ ଭାଙ୍ଗିବା ବଡ଼ ଖୁସି ଲାଗେ । ଆନନ୍ଦ ଗୁଆ ଧନିଆ ଗୁଜୁରାତି, ଲବଙ୍ଗ ଦେଇ ଠିକ୍ ଚାରିଟା ପାନ ବନାଇ କରି ଦେଇଥାଏ କଲେଜ ଗଲାବେଳେ । ଏହି ଗୋଟିକ ଅଭ୍ୟାସ ଥିଲା ବାପାଙ୍କର । ଆମେରିକାରେ ଏତେଦିନ ରହଣିରେ ବାପାଙ୍କୁ ପାନ ଖଣ୍ଡେ ମିଳି ନଥିଲା । ତେଣୁ ବିକଳରେ ଥିଲେ ଏତେ ଦାମ୍ ହେଲେ ମଧ୍ୟ ଖଣ୍ଡେ ଖଣ୍ଡେ ପାନ ଖାଇ ବୁଲି ବାହାରିଲେ

ସମସ୍ତେ । ଲଣ୍ଡନ ପ୍ଲାନେଟୋରିୟମ୍, ଦୋକ୍ସ ମିଉଜିୟମ୍ ପିକାଡିଲି ସରକସ୍, ବର୍କିଂହାମ ପ୍ୟାଲେସ୍, ଲଣ୍ଡନର ନନ୍ଦନକାନନ ଭଳି ଏକପାର୍କ, ସେଣ୍ଟ୍‌ଜେମ୍‌ସ ପାର୍କ, ଟ୍ରାଫାଲଗାର ସ୍କୋୟାର୍ ନ୍ୟାସନାଲ୍ ଆର୍ଟ ଗ୍ୟାଲେରୀ, କ୍ୟାମ୍ବ୍ରିଜ୍ ୟୁନିଭର୍‌ସିଟି ହାଇଡ୍ ପାର୍କ, ଟାୱାର ବ୍ରିଜ୍, ଟାୱାର୍ ଅଫ୍ ଲଣ୍ଡନ, ସେଣ୍ଟପଲ୍‌ସ୍ କ୍ୟାଥେଡ୍ରେଲ୍, ପାର୍ଲିଆମେଣ୍ଟ ଭବନ, ୱେଷ୍ଟମିନିଷ୍ଟର ଆବେ ଡାଉନିଙ୍ଗ୍ ଷ୍ଟ୍ରିଟ୍, ସ୍କଟ୍‌ଲାଣ୍ଡ ୟାର୍ଡ଼, ବ୍ରିଟିଶ୍ ମିଉଜିଉମ୍ ଲଣ୍ଡନ ବିଶ୍ୱବିଦ୍ୟାଳୟ ଇତ୍ୟାଦି ବୁଲାବୁଲି କଲୁ । ବାପାଙ୍କର କୌଣସି ଜିନିଷ ବୁଲିବା ଦେଖିବା ତା ବିଷୟରେ ଟିନିନିଖି ଜାଣିବା ବଡ଼ ଆଗ୍ରହ । ମୁଁ ଭାବେ ସେତେବେଳେ ଇଣ୍ଟର୍‌ନେଟ୍ ତ ନଥିଲା । ବାପା କିପରି ସବୁ ବିଷୟ ଜାଣୁଥିଲେ ବାପା କୁହନ୍ତି ବହିପତ୍ର ପଢ଼ି ସବୁ ଖବର ନେଉଥାନ୍ତି । ଆମେରିକା ଗଲାବେଳେ କିଛି କିଛି ଦେଖିଥିଲୁ ଗୋଟାଏ ଦିନରେ ଲଣ୍ଡନରୁ ପୁଣି ଭାରତ ଫେରିବା ବେଳେ ବାକିତକ ହରି ମଉସାଙ୍କ ସାହାଯ୍ୟରେ ଦେଖିନେଲୁ । ବାପାଙ୍କ ମନ ଶାନ୍ତି ହେଲା । ବହିରେ ପଢ଼ିଥିବା ଜିନିଷଗୁଡ଼ିକ ଆଖିରେ ଦେଖିପାରିଲେ । ସବୁ ଦର୍ଶନୀୟ ସ୍ଥାନ ବିଷୟ ଟିକିନିଖି ବୁଝିଲେ । ସେଥିପାଇଁ ବାପା ବହି ଦୁଇଟିରେ ଖୁବ୍ ସୁନ୍ଦର ବର୍ଣ୍ଣନା ଦେଇପାରିଲେ ।

ଲଣ୍ଡନରୁ ଆମେ ଗଲୁ ପ୍ୟାରିସ୍ । କୁହାଯାଏ ପୃଥିବୀର ସୁନ୍ଦରତମ ନଗରୀ ହେଲା ପ୍ୟାରିସ୍ ସହର । ରାସ୍ତାଘାଟ, ନଦୀ, ନାଳ ଇତ୍ୟାଦିରେ ଫ୍ରାନ୍ସ ବେଶ୍ ଉନ୍ନତ । ନେପୋଲିଅନ୍‌ଙ୍କ ସମୟରୁ ଏହି ଦେଶରେ ଖୁବ୍ ଭଲ ଭଲ ରାସ୍ତା, ପୋଲ, ଘାଟ ସବୁ ତିଆରି ହୋଇଛି । ପ୍ୟାରିସ୍‌ରେ ଦର୍ଶନୀୟ ସ୍ଥାନ ଅନେକ ତେବେ ତିନିଦିନ ଭିତରେ ଯେତେ ଦେଖିହେବ ସେହି ଅନୁସାରେ ପ୍ରୋଗାମ୍ ହୋଇଥାଏ । ମୋତେ ପୃଥିବୀ ପ୍ରସିଦ୍ଧ ଆଇଫେଲ୍ ଟାୱାର୍ ବହୁତ ଭଲ ଲାଗିଲା । ସେହି ଉପରୁ ପ୍ୟାରିସ୍ ସହରର ଦୃଶ୍ୟ ଅତି ଚମତ୍କାର । ରାତିରେ ମଧ୍ୟ ସେହି ଆଇଫେଲ୍ ଟାୱାର୍ ଉପରେ ସୁନେଲି ଆଲୋକ ପଡ଼ି ଅତି ସୁନ୍ଦର ଦିଶୁଥାଏ, ଯେପରି ସୁନାର ଏକ ସ୍ତମ୍ଭ । ପ୍ୟାରିସ୍‌ର ଭୂମିତଳ ରେଳ ମେଟ୍ରୋରେ ବୁଲିଲୁ । ଭୂମିତଳେ ଏତେ ବିରାଟ ଷ୍ଟେସନ ଓ ରେଳପଥ ବଡ଼ ଆଶ୍ଚର୍ଯ୍ୟ ଲାଗିଲା ।

ସେତେବେଳେ ଏହି ଭୂମିତଳ ଷ୍ଟେସନ ଭାରତରେ ଆଦୌ ନ ଥିଲା ଆଜିକାଲି ଯୋଜନା ଚାଲିଛି ଏଥିପାଇଁ। ସେଠାରେ ପୃଥିବୀ ପ୍ରସିଦ୍ଧ 'ମନାଲିସା' ଚିତ୍ର ଦେଖିଲୁ। କ୍ୟାଥେଡ୍ରେଲ୍ ଅଫ୍ ନତ୍ରଡାମ୍ ଷ୍ଟାଚ୍ୟୁ ଅଫ୍ ଲିବର୍ଟିର ସାନ ଭଉଣୀ - ମନୁମେଣ୍ଟ ରିପବ୍ଲିକେ। ନେପୋଲିୟନଙ୍କର ସମାଧି ମନ୍ଦିର ଇନଭେଲିଡ୍ସ। ଆଉ ଏକ ବୈଜ୍ଞାନିକ ଅନୁଷ୍ଠାନ ସେକ୍ସପିଓର୍ ଇନ୍ଷ୍ଟିଚ୍ୟୁଟ୍ ଆଦି ସବୁ ଦର୍ଶନୀୟ ସ୍ଥାନ ଏବଂ ସେଠାକାର ବଜାର ବୁଲିସାରି ଆମେ ଜେନିଭାରେ ପହଞ୍ଚିଲୁ। ସେଠାରେ ପୃଥିବୀ ପ୍ରସିଦ୍ଧ ଜେନେଭା ହ୍ରଦ ମୋତେ ବହୁତ ଭଲ ଲାଗିଲା।

କି ସୁନ୍ଦର ଉଦ୍ୟାନ ପୁଣି ଉଦ୍ୟାନ ପଛକୁ ରହିଛି ଉଚ୍ଚ ଉଚ୍ଚ ପର୍ବତରାଜି। ସେହି ହ୍ରଦରେ ବୁଲିବାକୁ ଷ୍ଟିମରରେ ଯିବାକୁ ହେଲା ଷ୍ଟିମରର ନାମ 'ଷ୍ଟାର୍ ଅଫ୍ ଜେନିଭା'। କିଛିବାଟ ହ୍ରଦରେ ଗଲା ପରେ ଷ୍ଟିମର୍ କ୍ୟାପ୍ଟେନ୍ ମୋତେ ଓ ମୋ ଛୋଟ ଭାଇକୁ ଡାକି ଷ୍ଟିମରର ଷ୍ଟିଅରିଂ ଧରିବାକୁ କହିଲେ ଓ ଶିଖାଇଲେ ମଧ୍ୟ। କିଛି ସମୟ ଶିଖାଇଲା ପରେ ମୋତେ ପୁରା ଷ୍ଟିଅରିଂ ଦାୟିତ୍ୱ ଛାଡ଼ିଦେଇ ପୁରା ଅଲଗା ହୋଇଗଲେ। ମୋତେ ବଡ଼ ଖୁସି ଲାଗିଲା ମୁଁ ଏକା ଏକା ଷ୍ଟିଅରିଂଟିକୁ ଚଲାଇବାକୁ ଲାଗିଲି। ଏପଟେ ମୋଡ଼ିଲି ସେପଟେ ମୋଡ଼ିଲି ମୋ କଥାରେ ବୋଟ ଚାଲିଲା। ମୋର ଖୁସି କାହିଁରେ କଣ। ବାପା ବୋଉଙ୍କର ଆଶ୍ଚର୍ଯ୍ୟ କି ଏତେ ବଡ଼ ଜେନିଭା ଲେକ୍‌ରେ ମୁଁ ଚଲାଇ ଦେଉଛି। ନିଜେ ନିଜେ ପ୍ରାୟ ଏକ ମାଇଲରୁ ଅଧିକ ସମୟ ମୁଁ ଷ୍ଟିମର୍‌କୁ ସେହି ହ୍ରଦରେ ଚଲାଇ ପାରିଲି। କି ଖୁସି ମୋର। ଆଉ ଏକ ବଡ଼ ଖୁସିର କଥା କ୍ୟାପ୍ଟେନ୍ ମୋତେ ଏକ ବିରାଟ ସାର୍ଟିଫିକେଟ୍ ଦେଲେ ମୋର ଏହି କୃତିତ୍ୱ ପାଇଁ। ସେଥିରେ ଲେଖା ଥିଲା - ସାର୍ଟିଫିକେଟ୍‌ର କପି ଦିଆଗଲା। ମୋ ନାମ ଏହିପରି ଲେଖା ଥିଲା। ମୁଁ ଆଜି ପର୍ଯ୍ୟନ୍ତ ସାଇତି ରଖିଛି।

ସୁଇଜରଲ୍ୟାଣ୍ଡର ଜେନେଭା ସହରରେ ବୁଲିସାରି ବୋଟ ରାଇଡ୍‌ରେ କିଛି ବାଟ ଚଲାଇବାରୁ କ୍ୟାପ୍‌ଟେନ୍‌ଙ୍କ ଠାରୁ ମିଳିଥିବା ସାର୍ଟିଫିକେଟ୍

STAR OF GENEVA

GENEVE

CERTIFICATE OF NAVIGATION

By Virtue of the authority, we have been awarded by Neptune, we captain of the "Star of Geneva", here by certify that Miss Jyotishna Mahapatra, has attended our cruise and navigated over a sea mile.

Board of 'Star of Geneva'

The captain

(Signature)

୫୪ ମନେପଡ଼େ ସେହିଦିନର ବୋଷ୍ଟନ ସହର ଓ ବିଦେଶ ବୁଲା

ମୋତେ ତ ସାର୍ଟିଫିକେଟ୍ ଦେଖି ବଡ଼ ଖୁସି ଲାଗିଲା । ଯେତେ ଜଣ ଯାତ୍ରୀ ଷ୍ଟିମର୍‌ରେ ଥିଲେ ଜଣକ ପରେ ଜଣେ ସମସ୍ତେ ସାର୍ଟିଫିକେଟ୍ ପଢ଼ିଲେ ଓ ମୋତେ ଅଭିନନ୍ଦନ ଜଣାଇଲେ । ପିଲାମାନଙ୍କୁ ଖୁସି କରିବା ପାଇଁ ଏହା କରାଯାଇଥାଏ । ବିଦେଶରେ ମାନେ ଆମେରିକାରେ ମଧ୍ୟ ବହୁତ ଧ୍ୟାନ ଦେଇଥାନ୍ତି । ପିଲାଙ୍କୁ ଖୁସି କରାଇବା ପାଇଁ ସ୍କୁଲମାନଙ୍କରେ ଏବଂ ଦର୍ଶନୀୟ ସ୍ଥାନମାନଙ୍କରେ କିଛି କିଛି ଯୋଜନା ଏହିପରି କରାହୋଇଥାଏ । ଭାରତୀୟମାନେ ଆସ୍ତେ ଆସ୍ତେ ଏହିସବୁ ଶିଖି ଆମ ଦେଶରେ ଆରମ୍ଭ କଲେଣି ।

ଏହି ବର୍ଷ ଏତେଦିନ ପରେ ଆମର ଘର ସାମନା ମଲ୍ 'ଏସ୍ପ୍ଲାନେଡ୍'ରେ ଏହା ଦେଖିବାକୁ ପାଇଲି । ପିଲାମାନଙ୍କର ଖୁସି ପାଇଁ କିଛି କିଛି ଆୟୋଜନ କରାହୋଇଛି । ପିଲାମାନେ କିଣାକିଣି ବେଳେ ବୋର୍ ନକରି ଖେଳା ଖେଳି ପାଇଁ ନାନାପ୍ରକାର ସୁବିଧା ରଖିବା ଉଚିତ ଯେଉଁଟା କି ଆମେ ବିଦେଶରେ ପ୍ରତ୍ୟେକ ସ୍ଥାନରେ ଦେଖିବାକୁ ପାଇଲୁ । ପିଲାମାନଙ୍କ ଉପରେ ଆଗରୁ ଏତେ ଧ୍ୟାନ ନ ଥିଲା, ଯେଉଁଟାକି ନିହାତି ଆବଶ୍ୟକ ।

ଜେନେଭା ଘଡ଼ିର ରାଜ୍ୟ । ଆମେ କିଛିଟା ଆଧୁନିକ ଘଡ଼ି ସେଠାରୁ କିଣିଲୁ । ପ୍ୟାଲେସ୍ ଅଫ୍ ନେସନ୍ସ, Geneva University ମାଉଣ୍ଟ ବ୍ଲେଙ୍କ ସେଠାରୁ ଜେନେଭା ବଜାର ବୁଲି ଗଲୁ । ଜେନେଭାରୁ ଆମେ ପଶ୍ଚିମ ଜର୍ମାନୀର ବିଖ୍ୟାତ ଶିଳ୍ପ ନଗରୀ ମିଉନିକ୍‌ରେ ପହଞ୍ଚିଲୁ । ମିଉନିକ୍‌ର ଯେତେ ଦର୍ଶନୀୟ ସ୍ଥାନ ଆମେ ସବୁ ବୁଲି ଦେଖିଲୁ ଅନ୍ୟ ଦେଶ ଭଳି । ଜୟେସ୍ ମିଉଜିୟମ୍। ମିଉନିକ୍ ବିଶ୍ୱବିଦ୍ୟାଳୟ ଇତ୍ୟାଦି । ଭାତ ଅନେକ ଦିନ ହେଲା ଆମ ବୁଲିବା ପିରିୟଡ଼ରେ ଖାଇ ନଥିବାରୁ ମିଉନିକ୍‌ର ଏକ ଋଇନିଜ୍ ରେଷ୍ଟୁରାଣ୍ଟ ଗଲୁ । ଆମ ଋଇନିଜ୍ ଫ୍ରାଏଡ୍ ରାଇସ୍ ବହୁତ ଭଲ ଲାଗେ ଚିକେନ୍ ସହିତ । ମାଂସ ଖାଇବାକୁ ଭୟ ଲାଗେ । ସେଠାରେ ଗୋରୁ ମାଂସ ପ୍ରାୟ ସବୁଥିରେ ଥାଏ । ତେଣୁ ଗୋଡ଼ ଫିସ୍‌ଥିବା କୁକୁଡ଼ା ମାଂସ ବାପା ବୋଉଙ୍କୁ ପସନ୍ଦ । ସବୁ ଦର୍ଶନୀୟ ସ୍ଥାନ ବୁଲାବୁଲି ପରେ ବଜାର ବୁଲା ବୋଉଙ୍କର ବଡ଼ ଆକର୍ଷଣ ମିଉନିକ୍‌ର ସୁନ୍ଦର ଆର୍ଟ ଗାଲେରୀ ବୁଲି ଦେଖିଲୁ । କିଛି କିଣାକିଣି କଲୁ ଯଦିଓ ପ୍ରଚୁର ଦାମ୍ ସବୁ ଜିନିଷ ।

ହଁ, ଜେନେଭାରୁ ଆମେ ଏକ କୁକୁ କ୍ଲକ୍ କିଣିଲୁ। ଅନେକ ବର୍ଷ ପର୍ଯ୍ୟନ୍ତ ଖରାପ ନହୋଇ କୁକୁ ବା କୋଇଲିଟି ବାହାରି ଆସି ସମୟ ଜଣାଇ ଦେଉଥାଏ। ଘଣ୍ଟାଟି ମଧ୍ୟ ଠିକ୍ ସୁନ୍ଦର ଚଢ଼େଇ ବସା ଭଳି ଆକାର ଭାରତରେ ଏବେ ମିଳୁଛି; କିନ୍ତୁ ସେଠାକାର ଭଳି ନୁହେଁ। ସେହି ଟେକ୍‌ନୋଲୋଜି ଆସିପାରିନାହିଁ ଆମ ଏଠାକାର କୃକୁ କ୍ଲକ୍‌ରେ।

ମିଉନିକ୍ ବୁଲା ସରିଲା ଆମେ ପହଞ୍ଚିଲୁ ଇଟାଲୀର ରାଜଧାନୀ ରୋମ୍ ସହରରେ। ଇଂରାଜୀରେ ଗୋଟିଏ କଥା ଅଛି "Rome was not built in a day" ଅର୍ଥାତ୍ ଗୋଟିଏ ଦିନରେ ରୋମ୍ ତିଆରି ହୋଇନାହିଁ। ଏହି କଥାଟି ଅକ୍ଷରେ ଅକ୍ଷରେ ସତ। ଏହି ସହରରେ ଏତେ ପ୍ରସିଦ୍ଧ ଓ ଦର୍ଶନୀୟ ସ୍ଥାନ ରହିଛି ଯେ ବର୍ଷ ବର୍ଷ ଦେଖିଲେ ମଧ୍ୟ ସରିବ ନାହିଁ। ରୋମ୍‌ର ଇତିହାସ ପ୍ରକାଣ୍ଡ ହଜାର ହଜାର ବର୍ଷର କଷ୍ଟରେ ରୋମ୍ ଏହି ସହର ଗଢ଼ା ହୋଇଛି। ଭିତରେ ଯୁଗ ପରେ ଯୁଗର କେତେ ଯୁଗର କଳା, ସ୍ଥାପତ୍ୟ, ଭାସ୍କର୍ଯ୍ୟର ପରାକାଷ୍ଠା ଦେଖାଇ ଦିଆଯାଇଛି ତା'ର କଳନା ନାହିଁ। ପୃଥିବୀର ବହୁ ଯୁଗର କଳାର କେନ୍ଦ୍ର ସମାବେଶ ମିଳେ ଏହି ସହରରେ।

ରୋମର ପ୍ରସିଦ୍ଧ ଦର୍ଶନୀୟ ସ୍ଥାନ ହେଲା ପୋପ୍‌ଙ୍କ ବାସଭବନ ଥିବା ଭାଟିକାନ୍ ସିଟି, କଲୋସିୟମ୍, ରୋମାନ୍ ଫୋରମ୍‌ରେ ସେଟର୍ଣ୍ଣ ଓ ରୋମାନ୍ ଦେବତାଙ୍କ ଅସଂଖ୍ୟ ମନ୍ଦିର, ଭେଷ୍ଟାଙ୍କ ମନ୍ଦିର, ଜୁଲିୟସ୍ ସିଜରଙ୍କ ପ୍ରତିଷ୍ଠିତ ବାସିଲଚା ଜୁଲିୟା, ଅଗଷ୍ଟସ୍‌ଙ୍କ ନିର୍ମିତ ରୋଷ୍ଟ୍ରୋ, ଆର୍କ ଅଫ୍ କନ୍‌ଷ୍ଟାନ୍‌ଟିନ୍, ପାଲାଟାଇନ୍ ପର୍ବତ ଉପରେ ପ୍ରତିଷ୍ଠିତ ରାଜପ୍ରସାଦ ଇମ୍ପାରିୟାଲ୍ ଫୋରମ୍‌ରେ ଟାର୍ଜାନ ଫୋରମ୍, ସିଜର ଫୋରମ୍, ଅଗଷ୍ଟସ୍ ଫୋରମ୍, ଇମାନୁଏଲ୍ ଦ୍ୱିତୀୟଙ୍କ ମନୁମେଣ୍ଟ ଫାଉଣ୍ଟେନ୍ ଅଫ୍‌ଟ୍ରେଭି, ପେନଥିଅନ୍ ଆଦି ପ୍ରଧାନ। ଏହାଛଡ଼ା ରୋମ୍‌ରେ ଆହୁରି ଅନେକ ଦର୍ଶନୀୟ ସ୍ଥାନ ଭର୍ତ୍ତି ହୋଇଛି ବର୍ଷଟେ ଲାଗିଯିବ ବୁଲି ଦେଖିଲେ। ଇଉରୋପ୍‌ର କୌଣସି ସହର ଐତିହାସିକ ଦୃଷ୍ଟିକୋଣରୁ ଏତେ ପ୍ରସିଦ୍ଧ ନୁହେଁ। ହୋଟେଲ୍‌ରୁ ବାହାରିବା ପୂର୍ବରୁ ବାପା ରୋମ୍ ନଗରୀର ଏକ

ବିରାଟ ମାନଚିତ୍ର ଆଣି ତିନି ଦିନ ରହଣୀର ଏକ ପ୍ରୋଗ୍ରାମ୍ ତିଆରି କରି ପକାଇଥାନ୍ତି। ଇଣ୍ଟରନେଟ୍ ତ ନଥିଲା କ'ଣ ଆଉ କରିବେ।

ପ୍ରଥମ ଆମର ଥିଲା ଇତିହାସ ପ୍ରସିଦ୍ଧ କଲୋସିୟମ୍ ଦର୍ଶନ, କଲୋସିୟମ୍ ଶବ୍ଦଟି ଲାଟିନ୍ ଶବ୍ଦ 'କଲୋସିଅସ୍'ରୁ (Colosseus) ସୃଷ୍ଟି ଯାହାର ଅର୍ଥ ହେଉଛି 'ବିରାଟ'। ରୋମ୍‌ରେ ଥିବା ଦୁଇଟି ଏମ୍‌ଫିଥିଏଟର ଭିତରୁ ଏହା ଗୋଟିଏ। ଏହା ଭାଙ୍ଗିଯାଇ ଏହାର ଧ୍ୱଂସାବଶେଷ ମାତ୍ର ରହିଛି। ଅନ୍ୟଟି ହେଉଛି ଏମ୍‌ଫି ଥିଏଟରସ୍ କାଷ୍ଟରେନ୍‌ଜ୍। ଏହା ନୋଟରନ୍ ଠାରେ ଅବସ୍ଥିତ। ଏହାର ମଧ୍ୟ ସେହିଭଳି ଧ୍ୱଂସାବଶେଷ ରହିଛି।

ଫଟୋରେ ଦେଖି ଦେଖି କଲୋସିୟମ୍ ପାଖରେ ଦେଖି ବଡ଼ ଖୁସି ଲାଗିଲା। ଏହାର ଆକାର ଦୂରକୁ ଗୋଲାକାର ଦିଶୁଥିଲେ ମଧ୍ୟ ଏହା ପ୍ରକୃତରେ ଗୋଲାକାର ନୁହେଁ, ଡିମ୍ବାକାର। ଏହା ଭିତରେ ବିରାଟ ଅଣ୍ଡାକାର ଖେଳପଡ଼ିଆ। ତା'ର ଚାରିପାଖ ସ୍ଥାନର ଲମ୍ବ ୬୮୦ ଫୁଟ ଓସାର ୪୮୦ ଫୁଟ। ପ୍ରକୃତ ଖେଳ ମଇଦାନର ଲମ୍ବ ୨୬୬ ଫୁଟ ଓସାର ୧୬୭ ଫୁଟ। ଏହି ବିରାଟତମ ଥିଏଟର୍‌ରେ ୮୦୦୦୦ ଲୋକ ଏକକାଳୀନ ବସି ଖେଳ ଦେଖୁଥିଲେ। କଲୋସିୟମ୍‌ର ଚାରିପାଖ ବୁଲି ଦେଖିଲୁ କି ବିରାଟ ସୌଧଟି। ପ୍ରାଚୀନ କାଳର ଲୋକମାନଙ୍କର ନିର୍ମାଣ କୌଶଳ ପଦ୍ଧତିକୁ ଦେଖି ଆଶ୍ଚର୍ଯ୍ୟ ହେଲୁ ବାପା, ବୋଉ ବହୁତ ପ୍ରଶଂସା କରୁଥାନ୍ତି। ଯାହାହେଉ ଏହି ପ୍ରସିଦ୍ଧ ସ୍ଥାନଟିକୁ ଦେଖିବାକୁ ଆମକୁ ସୁଯୋଗ ମିଳିଲା। ଅନେକ ଦିନରୁ କଲୋସିୟମ୍‌ର ଫଟୋ କେବଳ ଦେଖିଥିଲୁ।

ରୋମ୍ ପାଖରେ ଭାଟିକାନ ସିଟି ରୋମ୍ ଭିତରେ ଥାଇ ଏହା ଏକ ସ୍ୱତନ୍ତ୍ର ରାଜ୍ୟ। ଭାଟିକାନ ସିଟି ହେଉଛି ଖ୍ରୀଷ୍ଟାନ ଧର୍ମର ରୋମାନ୍ କ୍ୟାଥଲିକ୍ ସମ୍ପ୍ରଦାୟର ଧର୍ମଗୁରୁ ପୋପ୍‌ଙ୍କ ବାସସ୍ଥଳୀ। ଏହି ସହରଟି ଏକ ଛୋଟ ପାହାଡ଼ ଉପରେ ଅବସ୍ଥିତ। ଆମେ ସେଣ୍ଟପିଟର ସ୍କୋୟାରରେ ପହଞ୍ଚି ପୃଥିବୀ ବିଖ୍ୟାତ ସେଣ୍ଟପିଟର ଗିର୍ଜା ଦେଖିବାକୁ ଗଲୁ। ଏହା ପୃଥିବୀର ବୃହତ୍ତମ ଗିର୍ଜା ଭାବରେ ବିଖ୍ୟାତ। ଏହା ପୃଥିବୀର ସବୁଠାରୁ ବଡ଼ ଗିର୍ଜା। ଗିର୍ଜାର ଅଭ୍ୟନ୍ତର ବେଶ୍

ବିରାଟ । ଏହିଠାରେ ନୂଆ ପୋପ୍‌ମାନେ ଅଭିଷିକ୍ତ ହୁଅନ୍ତି । ଏହାର ଡୋମ୍‌ଟି ଅତି ବିରାଟ ଗିର୍ଜାର ଭିତର ଦୃଶ୍ୟ ଅତ୍ୟନ୍ତ ମନୋରମ । ଗିର୍ଜାର କାନ୍ଥ, ଛାତ ସବୁଆଡ଼େ ଅତି ଉଚ୍ଚକୋଟୀର ଚିତ୍ରକଳା, ସ୍ଥାପତ୍ୟ ପୁରି ରହିଛି । ପୃଥିବୀର ଆଉ କୌଣସି ଗିର୍ଜାରେ ଏତେ ସଜ୍ଜାସଜ୍ଜି ଦେଖିବାକୁ ମିଳେ ନାହିଁ । ଷ୍ଟାଚ୍ୟୁ ଅଫ୍ ସେଣ୍ଟପିଟର ଅତି ସୁନ୍ଦର, ଯେଉଁଠି ପୋପ୍ ପୂଜା କରନ୍ତି ।

ସେଠାରୁ ଆମେ ପୁଣି ଗଲୁ ଭାଟିକାନ୍ ମିଉଜିୟମ୍ ବୁଲି ଦେଖିବାକୁ । ଏହା ମଧ୍ୟ ଅତି ବିରାଟ । ଏହା ଭିତରେ ଇଜିପ୍‌ସିଆନ୍ ମିଉଜିୟମ୍, ଚିରମନ୍‌ଟି ମ୍ୟୁଜିୟମ୍, ଲପୀଡେରୀ ଗ୍ୟାଲେରୀ ବାମିଓ ନୁଭେ ଅତି ପ୍ରସିଦ୍ଧ । ଭାଟିକାନ ପ୍ରାସାଦ ଖାଲି ପୃଥିବୀର ବୃହତ୍ତମ ପ୍ରାସାଦ ନୁହେଁ, ପୃଥିବୀର ଶ୍ରେଷ୍ଠ ସୂକ୍ଷ୍ମକଳାପୂର୍ଣ୍ଣ ପ୍ରାସାଦ । ପୋପ୍ ହେଉଛନ୍ତି ଶାସନର ମୁଖ୍ୟ । ଦେଖିବାକୁ ପାଇଲୁ ଭାଟିକାନ ସିଟି ଚାରି ପାଖରେ ଉଚ୍ଚ ଉଚ୍ଚ ପ୍ରାଚୀର ଦ୍ୱାରା ରୋମ୍ ନଗରୀ ଠାରୁ ବିଚ୍ଛିନ୍ନ ।

ଭାଟିକାନ ପରେ ଆମେ ଗଲୁ କ୍ୟାପିଟାଲ୍ । ସେଠାରୁ ପେନଥିଅନ୍ । ସେଠାରେ ଇଟାଲୀର ରାଜାମାନଙ୍କର ସମାଧିମାନ ରହିଛି । ସେସବୁ ଦେଖିସାରିଲା ପରେ ଏକ ସୁନ୍ଦରତମ ଝରଣା 'ଫାଉଣ୍ଟେନ୍ ଅଫ୍ ଟ୍ରେଭି' ଦେଖିସାରି ହୋଟେଲ୍ ଫେରିଲୁ ।

ଏହିସବୁ ଏତେ ଅଳ୍ପଦିନ ଭିତରେ ବୁଲିଦେଲୁ । ମୋତେ ଆଶ୍ଚର୍ଯ୍ୟ ଲାଗେ ଭାବିଲେ ବାପା ପ୍ରତ୍ୟେକଟି ଦର୍ଶନୀୟ ସ୍ଥାନ କିପରି ଆମକୁ ବୁଲାଇ ପାରିଲେ ସେ ଯୁଗରେ ଇଣ୍ଟରନେଟ୍ ଆଦି ନଥିଲା । ବାପାଙ୍କୁ ଧନ୍ୟବାଦ ନଦେଇ ରହିପାରିଲା ନାହିଁ । ବାପାଙ୍କର ବୁଲିବା ଜାଣିବା ସ୍ୱଭାବ ଏଥିପାଇଁ ଦାୟୀ ।

ରୋମ୍ ଥିଲା ଆମର ଶେଷ ବୁଲା । ତହିଁ ପରଦିନ ସେପ୍ଟେମ୍ବର ମାସ ୧୭ ତାରିଖ, ୧୯୬୩ ମସିହା । ସେହିଦିନ ସନ୍ଧ୍ୟାବେଳେ ରୋମ୍‌ରୁ ବମ୍ବେ ଫ୍ଲାଇଟ୍ ଧରିବା କଥା । ଆମେ ବେଶ୍ ମନ ଖୁସିରେ ଜିନିଷପତ୍ର ରଖା ଥୁଆ କରି ବାହାରି ପଡ଼ିଲୁ ଆମ ଦେଶକୁ ଆଲିଟାଲିଆ ବିମାନରେ ।

ବମ୍ବେରେ ୬ ଦିନ ରହିବା ପ୍ରୋଗ୍ରାମ୍ ବାପା ରଖିଥାନ୍ତି ।

ବାପାଙ୍କର ଚିନ୍ତା ପିଲାମାନେ ବାହାର ଦେଶ ଏତେ ବୁଲାବୁଲି କରି ଫେରିଲେ ନିଜ ଦେଶ ମୁମ୍ବାଇ ମଧ୍ୟ ବୁଲି ଦେଖିବା କଥା । ମୁମ୍ବାଇରେ ୬ଦିନ କଟାଇ କଲିକତା ଦେଇ ଭଦ୍ରକ ଫେରିବା କଥା । ମନ ସମସ୍ତଙ୍କର ଅତି ଖୁସି ଅଢ଼େଇ ବର୍ଷ ପରେ ଆମ ଦେଶକୁ ଫେରୁଛେ । କଲିକତାରୁ ଭଦ୍ରକ ଆମ ଏଜେଣ୍ଟ ଟ୍ରେନ୍‌ରେ ଟିକେଟ୍ କରିଦେଇଥାନ୍ତି । ଏହିଠାରେ ଗୋଟେ ଆଶ୍ଚର୍ଯ୍ୟ କଥା ମୋର ମନେ ପଡୁଛି । ଆମେ ଯେହେତୁ ଏତେ ଭଲ ଭଲ ସହର ଦେଇ ଫେରିଲୁ ବମ୍ବେ ଆମକୁ ଆଦୌ ଭଲ ଲାଗିଲା ନାହିଁ । ବାପାଙ୍କୁ ବେଶି ଆଶ୍ଚର୍ଯ୍ୟ ଲାଗିଲା । ବାପା ଆଗରୁ ଯେତେଥର ମୁମ୍ବାଇ ଆସିଛନ୍ତି, ମୁମ୍ବାଇର ସବୁକିଛି ତାଙ୍କୁ ସୁନ୍ଦର ଓ ମନୋହର ଦିଶୁଥିଲା । ମେରାଇନ୍ ଡ୍ରାଇଭ୍‌ରେ ଘଣ୍ଟା ଘଣ୍ଟା ଓହ୍ଲାଇ ରହି ବସିବାକୁ ଇଚ୍ଛା ହେଉଥିଲା; କିନ୍ତୁ ବିଦେଶରୁ ଫେରି କୌଣସିଟି ଭଲ ଲାଗୁନି । ଆମର ଅବସ୍ଥା ମଧ୍ୟ ଠିକ୍ ସେୟା । ଏହା କାରଣ ହୋଇପାରେ ଆମେରିକା ଆଦିର ସୁନ୍ଦର ସୁନ୍ଦର ସଫା ଜାଗାଗୁଡ଼ିକ ବୁଲାବୁଲି କରିଥିବାରୁ ଆମକୁ ଏହିଗୁଡ଼ିକ ଆଦୌ ଭଲ ଲାଗୁନାହିଁ । ମେରାଇନ୍ ଡ୍ରାଇଭ୍‌ର ସୌନ୍ଦର୍ଯ୍ୟ କିଛି ଆମ କାହାକୁ ଭଲ ଲାଗିଲାନି । ବର୍ତ୍ତମାନ ମୁଁ ବୁଝିପାରୁଛି ମୋର ନାତିନାତୁଣୀଙ୍କୁ ଭାରତର ଖାଇବା ଆଦି ଭଲ ଲାଗୁଛି; କିନ୍ତୁ ରହିବା, କାହା ଘରକୁ ବୁଲିଯିବା ବଡ଼ କଷ୍ଟ ଲାଗେ । ଚିଲିକା ବୁଲାଇବାକୁ ନେଲୁ ଯେ ସେ ବୋଟ୍ ଲାଇଫ୍ ଜ୍ୟାକେଟ୍‌ର ଅବସ୍ଥା ଅତି ଶୋଚନୀୟ । ଏକଦମ ପୁରୁଣା କଳା କଳା ଦାଗ । ଏତେ ସଫା ଜାଗାରୁ ଆସୁଛନ୍ତି ଆମର ଏଠାରେ ଯେତେ ସଫାସୁତୁରା ହେଲେ ମଧ୍ୟ ତାଙ୍କର ପସନ୍ଦ ନାହିଁ । ସେ ଯାହାହେଉ ମୁମ୍ବାଇରେ ଚାରିଦିନ ରହି ଦର୍ଶନୀୟ ସ୍ଥାନ ଗୁଡ଼ିକ ଆମେ କିପରି ଦେଖୁ ବାପାଙ୍କର ବଡ଼ଇଚ୍ଛା । ସେତେବେଳେ ଆମେରିକାରେ ଭାରତୀୟ ଦୋକାନ ଗୋଟେ ବି ନଥିଲା । ଭାରତୀୟ ହିନ୍ଦୀ ସିନେମା ମଧ୍ୟ ନଥିଲା । ଆଜିକାଲି କିନ୍ତୁ ଯେତେ ନୂଆ ସିନେମା ବାହାରିଲେ ସେଠାକୁ ଚାଲିଯାଏ । କାରଣ ଏବେ ଭାରତୀୟଙ୍କ ସଂଖ୍ୟା ଯେ କାହିଁରେ କ'ଣ । ବାପା ସିନେମା

ପ୍ରିୟ । ଅଢ଼େଇ ବର୍ଷ ହେଲା ଗୋଟେ ବି ହିନ୍ଦୀ ସିନେମା ଦେଖି ନାହାନ୍ତି । ତେଣୁ ସିନେମା ଦେଖିବାକୁ ବାପାଙ୍କର ଇଚ୍ଛା ହେଲା । ଆମେ ସିନେମା ଦେଖିବା ପାଇଁ ଲିବର୍ଟି ସିନେମା ହଲ୍‌ରେ ପହଞ୍ଚିଲୁ । ସେଠାରେ ମଧ୍ୟ ଆମେ ଫରକ ଜାଣିପାରିଲୁ ଯଦିଓ ଲିବର୍ଟି ହଲ୍ ମୁମ୍ବାଇରେ ସୁନ୍ଦର ସିନେମା ହଲ୍ ଆମକୁ ବହୁତ ଛୋଟ ଲାଗିଲା । ମନେ ପଡ଼ିଗଲା ଆମେ ଯେତେବେଳେ ପୃଥିବୀର ବୃହତ୍ତମ ସିନେମା ହଲ୍ ଅତି ସୁନ୍ଦର 'ରେଡ଼ିଓ ସିଟି ମିଉଜିକ୍ ହଲ୍' ଦେଖି ଆସିଛୁ । ନିଶ୍ଚୟ ଏହି ହଲ୍‌ଟି ଆମକୁ ବେଶ୍ ଛୋଟ ଲାଗିବ । ସିନେମା ପଡ଼ିଥାଏ 'ଦିଲ୍ ଏକ ମନ୍ଦିର' ହଲ୍ ଛୋଟ ଲାଗିଲେ କ'ଣ ହେଲା ସିନେମାଟି ବେଶ୍ ଭଲ ଥିଲା । ହିନ୍ଦୀ ସିନେମା ସେପଟକୁ ମାନେ ଆମେରିକା ଆଦୌ କେବେ ଯାଏ ନାହିଁ । ସେହି ସମୟରେ ଭାରତୀୟଙ୍କ ସଂଖ୍ୟା ଖୁବ୍ କମ୍ ଦେଖିବ କିଏ ? ଟେଲିଭିଜନ୍‌ରେ ହିନ୍ଦୀ ଚ୍ୟାନେଲ୍ ବିଲ୍‌କୁଲ୍ ନାହିଁ । ଆଜିକାଲି ଓଡ଼ିଆ ଘରେ ସେଠାରେ ଥିବା ଓଡ଼ିଆ ଚ୍ୟାନେଲ୍ ଦେଖି ପାରୁଛନ୍ତି । ସେତେବେଳେ ଲାଗୁଥିଲା ଏକ ଦୂର ଦେଶକୁ ଆସିଛେ ଆମ ଦେଶର କିଛି ଚିହ୍ନ ବର୍ଣ୍ଣ ନାହିଁ । ନା ଦୋକାନ ବଜାର ନା ଆମ ଦେଶର ଲୋକେ ନା ଖାଇବା ପତ୍ର କିଛିଟା ସାଧାରଣ ପରିବା ଆଳୁ, ବାଇଗଣ, ବିଲାତି, ପିଆଜ, କଖାରୁ, ବିନ୍ ଏହିପରି କିଛିଟା ପରିବା ମିଳୁଥାଏ । ଅନ୍ୟାନ୍ୟ ପରିବା ଆଦୌ ମିଳେ ନାହିଁ । ଆଜିକାଲି ମୁଁ ଦେଖିଲି ଆମେରିକାରେ ଛୁଇଁ, ମଞ୍ଜା ଆଉ କଦଳୀ ଭଣ୍ଡା, କଞ୍ଚା ପଣସ ଆଦି ସବୁ ପରିବା ମିଳୁଛି । ନୀମ୍ବକଢ଼ିର ଅଭାବ ଖାଲି ସେଥିପାଇଁ ସେଠିକାର ଓଡ଼ିଆ ଲୋକେ ନୀମ୍ବକଢ଼ି ଭାରତରୁ ମଗାନ୍ତି । ଯେ ନିମ୍ବକଢ଼ିର ମଜା ଜାଣିଛି ସେ ହିଁ ମଗାଇବ । ଆଜିକାଲି ଆମେରିକାରେ ରହିବା ଭାରତ ଭଳି ହୋଇଗଲାଣି । କୌଣସି ଭାରତୀୟ ଜିନିଷର ଅଭାବ ନାହିଁ । ତେଣୁ ପିଲାମାନେ ସେଠାରେ ଘରଦ୍ୱାର କିଣି ରହିଯାଉଛନ୍ତି । ଭଲ ପାଗ, ସଫା ଜାଗା, ପଇସା ରୋଜଗାର କାହିଁରେ କ'ଣ । କିଛିର ଅଭାବ ନାହିଁ । କାହିଁକି ଦିନ ଦିନ ସେଠାରେ ରହିବେ ନାହିଁ । ମଶା, ମାଛି ଶୂନ୍ୟ ସୁନ୍ଦର ଦେଶ । ଆଉ ଅସୁବିଧା କ'ଣ ? ଘରଦ୍ୱାର କିଣି ପିଲାଙ୍କୁ ଭଲ ସ୍କୁଲରେ

ପଢ଼ାଇବେ। ବାପା-ମା'ଙ୍କ ସଙ୍ଗରେ ପ୍ରତ୍ୟେକ ଦିନ ଭିଡ଼ିଓ କଲ୍‌ରେ କଥା ହୋଇପାରୁଛନ୍ତି।

ସେ ଯାହାହେଉ ଆମେ ମୁମ୍ବାଇ ବୁଲାସାରି କଲିକତା ଅଭିମୁଖେ ବାହାରିଗଲୁ। ମୁମ୍ବାଇ ବୁଲାଟା ଆମ କାହାକୁ ଟିକିଏ ବି ଭଲ ଲାଗିଲା ନାହିଁ। କେବଳ ସିନେମା ଦୁଇଟି ବହୁତ ପସନ୍ଦ ହେଲା। 'ଦିଲ୍ ଏକ ମନ୍ଦିର' ଓ 'ବଫ୍ ମାଷ୍ଟର୍'। ଏତେ ବଡ଼ ବଡ଼ ଜାଗାରେ ବଜାର କରିଲା ପରେ ମୁମ୍ବାଇରେ ବଜାର କରିବା ବୋଉଙ୍କର ଆଦୌ ଇଚ୍ଛା ହେଲା ନାହିଁ। ତେଣୁ ଆମେ ମୁମ୍ବାଇର ପ୍ରସିଦ୍ଧ ସ୍ଥାନସବୁ ବୁଲିଲା ପରେ କଲିକତା ପାଇଁ ଆମେ ପ୍ଲେନ୍‌ରେ ବସିଲୁ। ସେଠାରୁ ଟ୍ରେନ୍‌ରେ ଭଦ୍ରକ ଗଲୁ। ସେପ୍ଟେମ୍ବର ମାସ ୨୩ ତାରିଖ ସନ୍ଧ୍ୟା ୯ଟା ବେଳେ ମାନ୍ଦ୍ରାଜ ମେଲ୍‌ରେ ଭଦ୍ରକ ଷ୍ଟେସନ୍‌ରେ ପହଞ୍ଚିଲୁ। ଗାଡ଼ି ଷ୍ଟେସନ୍ ଭିତରେ ପଶୁ ପଶୁ ଏତେ ଲୋକ ଷ୍ଟେସନ୍‌ରେ ଦେଖି ଆମେ ଆଶ୍ଚର୍ଯ୍ୟ ହେଲୁ। ବାପା ଭାବିଲେ କ'ଣ କିଛି ଦୁର୍ଘଟଣା ବୋଧହୁଏ ଷ୍ଟେସନ୍‌ରେ ହୋଇଛି ଗାଡ଼ି ପାଖ ହେଲା ପରେ ଜଣାପଡ଼ିଲା ପ୍ରତ୍ୟେକ ଲୋକ ଚିହ୍ନା ଲୋକ ଆମର ସେମାନେ ଥିଲେ ବନ୍ଧୁବାନ୍ଧବ ଆତ୍ମୀୟସ୍ୱଜନ ଏବଂ ଭଦ୍ରକ ସହରର କିଛିଟା ମାନ୍ୟଗଣ୍ୟ ବ୍ୟକ୍ତି ମଧ୍ୟ ଆମକୁ ସ୍ୱାଗତ କରିବାକୁ ଷ୍ଟେସନ ଆସିଥାନ୍ତି ଆମ ପାଇଁ ଷ୍ଟେସନ୍, ଅଢ଼େଇ ବର୍ଷ ପରିବାର ସହିତ ୧୨୦୦୦ ମାଇଲ୍ ଦୂରଦେଶ ଆମେରିକାରେ କଟାଇ ଆସିଛୁ। ଭଦ୍ରକ ଗ୍ରାମ ଆମ ପାଇଁ ଗର୍ବ। ସେତେବେଳେ ଏହିପରି ଥିଲା ଲୋକଙ୍କର ମନବୃତ୍ତି। ଆମ ଗାଁର ଲୋକେ, କମ୍ ବଡ଼ କଥା ନୁହେଁ। ଆଜିକାଲି ପରିବାରର ଲୋକେ ତ ନିଜର ଭାବନ୍ତି ନାହିଁ ଆଉ ଗାଁ କଥା କ'ଣ କହିବା। ସେ ସ୍ନେହ ଆଦର ଆଜିକାଲି ସ୍ୱପ୍ନ।

ଅଢ଼େଇ ବର୍ଷ ବିତାଇ ବୋଷ୍ଟନରୁ ବିଦାୟ

ଆମେ ଯେତେବେଳେ ବୋଷ୍ଟନ ଛାଡ଼ିଲୁ । ଭାରତୀୟ ବନ୍ଧୁମାନଙ୍କ ଆଖିରେ ଲୁହ ସେମାନେ କହିଥାନ୍ତି ନିଜ ଦେଶଠାରୁ ଦୂରରେ ଅଛୁ ବୋଲି । ଆମେମାନେ ଭୁଲି ଯାଉଥିଲୁ ଯେତେବେଳେ ଚର୍ଲସ୍ ଷ୍ଟ୍ରିଟ୍‌ରେ ଏହି ଘରକୁ ଆସୁଥିଲୁ ।

ବୋଉ ସେତେବେଳେ ଘରେ ସିଙ୍ଗଡ଼ା ବନାଇବା ଜାଣିଥାନ୍ତି । ବାପାଙ୍କର ବାହାର ଜଳଖିଆ ବା ଖାଦ୍ୟ ପସନ୍ଦ ନଥିଲା । ତେଣୁ ବୋଉ ଯଦିଓ ୧୪ ବର୍ଷରେ ବାହା ହୋଇ ମଧ୍ୟ କାଳକ୍ରମେ ସବୁ ଶିଖି ଯାଇଥିଲେ ବାପାଙ୍କ ପାଇଁ ସେ ଭାରତରେ ଥିଲାବେଳେ ସିଙ୍ଗଡ଼ା ଆଲୁଚପ୍, ବରା, ରସାବଳୀ ଆଦି ବନାଉଥିଲେ । କାରଣ ବାପାଙ୍କୁ ବାହାର କିଣା ଖାଇବା ଆଦୌ ଭଲ ଲାଗେ ନାହିଁ, ସେଥିପାଇଁ ବୋଉ ଅନେକ ଜିନିଷ ଘରେ ତିଆରି କରିବା ଶିଖିଥାନ୍ତି । ଭାରତୀୟ ବନ୍ଧୁମାନେ ସେଥିପାଇଁ ଦୁଃଖ କରୁଥିଲେ ଭାରତୀୟ ରେଷ୍ଟୁରାଣ୍ଟ୍ ନଥିବାରୁ ତାଙ୍କମାନଙ୍କ ପାଇଁ ଏହିଗୁଡ଼ିକ ସ୍ୱପ୍ନ ହୋଇଗଲା । ପୁଣି ଭାରତୀୟ ପରିବାର ଆଦୌ ନାହିଁ ମିଳିବ କୁଆଡ଼ୁ । ଆଜିକାଲି ଏହି ଖାଇବା ଗୁଡ଼ିକ ବେଶ୍ ଆରାମରେ ମିଳିଯାଏ । ତେଣୁ ବୋଧହୁଏ ଭାରତୀୟ ଛୁଆମାନଙ୍କର ଆଜିକାଲି ମା' ଆଉ ଦରକାର ପଡ଼ନ୍ତି ନାହିଁ । ଭାରତୀୟ ଖାଇବା ତ ସହଜରେ ମିଳିଯାଉଛି । ଭାରତୀୟ ହୋଟେଲ ବେଶ୍ ପରିମାଣରେ ଆଜିକାଲି ଦେଖାଯାଏ । ମା'ମାନଙ୍କ ରନ୍ଧା ଖୁବ୍ କମ୍ ମନେ ପକାଇଥାନ୍ତି ।

ମୋର ଜନ୍ମଦିନ କି ସୁନ୍ଦର ଭାବରେ ସେଠାରେ ଆମେରିକାନ ଛୁଆମାନଙ୍କ ସାଙ୍ଗରେ ପାଳନ ହୋଇଥିଲା । ବୋଉଙ୍କର ମାଡ୍ରାସୀ ସାଙ୍ଗ ଭେଦମ

ରଙ୍ଗନାଥମ୍ ନୂଆ ବାହାହୋଇ ତାଙ୍କ ବୈଜ୍ଞାନିକ ସ୍ୱାମୀଙ୍କ ସଙ୍ଗେ ନୂଆ ନୂଆ ବୋଷ୍ଟନ ଆସିଥାନ୍ତି। ସେ ଜନ୍ମଦିନ ଆଦି ପର୍ବପର୍ବାଣୀରେ ବୋଉଙ୍କର ସାନ ଭଉଣୀ ପରି ସାହାଯ୍ୟ କରିଥାନ୍ତି। ବଡ଼ ଆଶ୍ଚର୍ଯ୍ୟର କଥା ଭେଦମ୍ ଆଣ୍ଟି ଆଜି ପର୍ଯ୍ୟନ୍ତ ମୋ ସାଙ୍ଗରେ ଟଚରେ ଅଛନ୍ତି। ଆମେ ଶ୍ରୀଲଙ୍କାରୁ ଫେରିଲାବେଳେ ମାଡ୍ରାସ୍‌ରେ ତାଙ୍କ ଘରକୁ ଯିବା ପାଇଁ ବହୁତ ବାଧ୍ୟ କରିଥିଲେ। ଆମେ ମଧ୍ୟ ମାଡ୍ରାସ୍‌ରେ ଲ୍ୟାଣ୍ଡ୍ କଲା ପରେ ପରେ ଟ୍ୟାକ୍ସି ନେଇ ତାଙ୍କ ଘରେ ପହଞ୍ଚିଲୁ ଗଲାବର୍ଷ କି ଖୁସି ତାଙ୍କର କେତେ କଥା ଗପି ବସିଲେ ଫଟୋ ସବୁ ଦେଖାଇଲେ ଠିକ୍ ନିଜ ମାଉସୀ ଭଳି। ମୋତେ ଖୁବ୍ ସୁନ୍ଦର ଦୁଇଟି ଶାଢ଼ୀ ସିନ୍ଦୂର, କୁମ୍‌କୁମ୍ ଆଦି ଉପହାର ଦେଲେ। ବୋଉ ବାପାଙ୍କୁ ଖୁବ୍ ମନେ ପକାଇଲେ ରଙ୍ଗନାଥମ୍ ଅଙ୍କଲଙ୍କର ମଧ୍ୟ ମୃତ୍ୟୁ ହୋଇଯାଇଛି। ସେତେବେଳର ବନ୍ଧୁତା କେତେ ଦୃଢ଼ ଥିଲା ଭାବିଲେ ଆଶ୍ଚର୍ଯ୍ୟ ଲାଗେ। ଭେଦମ ଆଣ୍ଟି ୧୦/୧୫ ଦିନରେ ଥରେ ମୋ' ପାଖକୁ ଏବେ ମଧ୍ୟ ନିଶ୍ଚୟ ଫୋନ କରିବେ। ମୋ' ସାନଭାଇ ବାବୁଲିର ଖବର ନେବେ। କେତେ ସମୟ ଟିକିନିଖି ଗପିବେ ଓ ତାଙ୍କର ଖୋଲା ହସ ମୋର ସବୁବେଳେ ମନେପଡ଼େ। ଆସନ୍ତା ବର୍ଷ ତାଙ୍କ ଭଉଣୀ ସାଙ୍ଗରେ ଆମ ଘରକୁ ଆସି ଜଗନ୍ନାଥ ଦର୍ଶନ କରିବେ କଥା ଦେଇଛନ୍ତି। ଅଶୀ ବର୍ଷରୁ ଊର୍ଦ୍ଧ୍ୱ କିନ୍ତୁ ମୋ' ସାଙ୍ଗ ପରି କଥାବାର୍ତ୍ତା କରନ୍ତି। ମୋତେ ଭାରୀ ଭଲ ଲାଗେ।

ଯାହାହେଉ ସେହି ସମୟର ଆମେରିକା ବିଷୟ ଓ ଏବେର ଆମେରିକା ବିଷୟ ଲେଖିବାକୁ ମୋର ବହୁତ ଇଚ୍ଛା ଥିଲା। ଆରମ୍ଭ କରିଥିଲି ଅନେକ ଦିନରୁ। ସମୟ ଅଭାବରୁ ଲେଖିପାରି ନଥିଲି। ବାପାଙ୍କର ଯେତେବେଳେ ଲେଖାଲେଖି କମି ଆସିଲା ମୋତେ ଅନେକ ଥର କହିଛନ୍ତି ଏହି ଟପିକ୍‌ରେ ଲେଖିବା ପାଇଁ; କିନ୍ତୁ ରିଜିଓନାଲ୍ କଲେଜ ଚାକିରୀ ପାଠ ପଢ଼ାଇବା ଛଡ଼ା ଆହୁରି ବିଭିନ୍ନ କାମ ସବୁ ଦେଖିବାକୁ ପଡ଼ିଥାଏ ସମୟର ଅଭାବ। ସେ ଯାହାହେଉ ଆଜି ମୁଁ କିଛିଟା ଲେଖି ବହିଟିଏ କରିପାରିଲି। ବାପା ଥିଲେ କେତେ ଖୁସି ହୋଇଥାନ୍ତେ। ବାପାଙ୍କର ଆଶୀର୍ବାଦରୁ ଆଜି ଏହା ସମ୍ଭବପର ହୋଇପାରିଲା।

ଏବେକାର ଲୋକେ ଜାଣିପାରିବେ କି ଆମେରିକା ସେତେବେଳେ କିପରି ଥିଲା ଏବେ ତ ଭାରତର ସବୁ ସୁବିଧା ସୁଯୋଗ ସେଠାରେ ମିଳିପାରୁଛି ।

ସେହି ସମୟରେ ଭାରତୀୟଙ୍କର ଆମେରିକାନ୍‌ଙ୍କ ସଙ୍ଗେ ଭଲ ବନ୍ଧୁତା ଥିଲା । ଯିବା ଆସିବା ମଧ୍ୟ ଥିଲା । ଆଜିକାଲି କିନ୍ତୁ ଏତେଟା ନାହିଁ । ମୁଁ ଯେତେବେଳେ ଝିଅ ଘରକୁ ପ୍ରଥମେ ଆମେରିକା ଗଲି ୨୦୦୪ ମସିହାରେ ମୋତେ ବଡ଼ ଆଶ୍ଚର୍ଯ୍ୟ ଲାଗିଲା । ବାପା ବୋଉ ମଧ୍ୟ ମୋ'ଠାରୁ ଶୁଣି ଖୁବ୍ ଆଶ୍ଚର୍ଯ୍ୟ ହେଲେ । ଆମେରିକାନ୍, ଜାପାନିଜ୍ ଏବଂ ଇରାନ୍‌ର ବାପାଙ୍କର କଲିଗ୍ ଓ ସାଙ୍ଗମାନେ ସବୁବେଳେ ଆମ ଘରକୁ ଭାରତୀୟଙ୍କ ଭଳି ଯା' ଆସ କରୁଥାନ୍ତି । ବାପା କହିଲେ ଇଏ କି କଥା । ମୋ ସାଙ୍ଗ ହ୍ୟାରି ଆମ ଘରେ କେତେଥର ଲଞ୍ଚ୍, ଡିନର୍ ଖାଉଥାନ୍ତି । ଆମମାନଙ୍କୁ ମଧ୍ୟ କେତେଥର ତାଙ୍କ ଘରକୁ ନିମନ୍ତ୍ରଣ କରିଛନ୍ତି । ଏତେ ଆତ୍ମୀୟ ଥିଲେ ।

କାନାଡ଼ାର ଅବଶ୍ୟ ଜଣେ ରୋଟାରିଆନ୍ ସାଙ୍ଗ ଏରିକ୍ ଓ ରବିନ୍ ଆମକୁ ତାଙ୍କ ଘରକୁ ଡିନର୍ ପାଇଁ ନିମନ୍ତ୍ରଣ କରିଥିଲେ ଏବଂ ଖୁବ୍ ସୁନ୍ଦର ଡିନର ଭୋଜିରେ ଆପ୍ୟାୟିତ କରିଥିଲେ । ଆଜିକାଲି ଏହିଭଳି କ୍ୱଚିତ୍ ସାଙ୍ଗ ବା କୋଲିଗ୍ ମିଳିଥାନ୍ତି । ଏରିକ୍ ଓ ରବିନ୍‌ଙ୍କୁ Indian Cultural Association ର ବଡ଼ ଫଙ୍କସନ୍‌ଙ୍କୁ ଆମେମାନେ ନିମନ୍ତ୍ରଣ କରିଥିଲୁ । ସେମାନେ ବେଶ୍ ଖୁସିରେ ଆସି ଭାରତୀୟ ଖାଇବା ମନ ପୁରାଇ ଖାଇ ଓ ସାଂସ୍କୃତିକ ପ୍ରୋଗ୍ରାମ୍ ଶେଷ ପର୍ଯ୍ୟନ୍ତ ବସି ଦେଖିଲେ । ପୁଅ ସୁରଜିତ India Cultural Association ର ସଭାପତି ଥିବାରୁ ତାଙ୍କୁ ଓ ବୋହୂ ସୁନିତାଙ୍କୁ ବଡ଼ ପ୍ରଶଂସା କଲେ । ବୋହୂର ଓ ନାତୁଣୀ କିମାୟାର ନାଚ ଦେଖି ଟିକିନିଖି ଫଟୋ ଓ ରେକର୍ଡ଼ିଂ କରିନେଲେ । ସେହି ଫଙ୍କସନ୍‌ରେ ଭାରତୀୟଙ୍କର ସଂଖ୍ୟା ୫୦୦ ଥିବାବେଳେ ଆମେରିକାନ୍ ମାତ୍ର ୨୦/୨୫ ଜଣ ଥିଲେ । ଏହିଥିରୁ ଅନୁମାନ କରିହେବ କି ଏତେଟା ସାଙ୍ଗସାଥି ଭାରତୀୟଙ୍କ ସଙ୍ଗେ ଆଜିକାଲି ନାହିଁ କହିଲେ ଚଳେ । ନିଜ ଦେଶ ନେଇ ସାଙ୍ଗ, ସେତେବେଳେ ତାହା ନଥିଲା । ସବୁ ଦେଶର ଲୋକେ ଏକାଠି ହେଉଥିଲେ । ଖୁବ୍ ଆନନ୍ଦ ଓ ଖୁସି ଲାଗୁଥିଲା ।

ଏହି ପରିବର୍ତ୍ତନଟି ମୋତେ ବଡ଼ ଆଶ୍ଚର୍ଯ୍ୟ ଲାଗିଥିଲା ସେହି ବିଷୟରେ ଲେଖିବା ପାଇଁ ମୁଁ ଅନେକ ଦିନରୁ ଆରମ୍ଭ କରିଥିଲେ ହେଁ ୨୦୨୫ରେ ସାରିପାରିଲି, ମୋ ମନରେ ସାଇତା ହୋଇଥିବା କଥାଗୁଡ଼ିକ ଏତେ ବର୍ଷର ବନ୍ଧୁତା ଆଜି ପର୍ଯ୍ୟନ୍ତ ଲାଗି ରହିଛି। ବର୍ଷରେ ଦୁଇ ତିନିଟା ଚିଠି ଓ ଫଟୋ ଆସିଯାଏ। ମୁଁ ମଧ୍ୟ ସେମାନଙ୍କୁ ଭୂଲିପାରିନାହିଁ। ଆମର ବା ଜେନିର ବାପା ଓ ମା' ଆଉ ଦୁନିଆରେ ନାହାଁନ୍ତି ସତ; କିନ୍ତୁ କେତେ ଦରିଆ ପାରିର ଜେନି ସହିତ ବନ୍ଧୁତା ଆଜି ମଧ୍ୟ ସେହିପରି ଚାଲିଛି ଇଣ୍ଟରନେଟ୍ ଯୋଗେ ଓ ଫଟୋ ଦେବା ନେବାରେ। ଧନ୍ୟ ସେ ଦେଶ। ଧନ୍ୟ ସେଠାକାର ନାଗରିକ।

ଶେଷ କଥା କିଛି.....

ବାପା ପ୍ରଫେସର ଗୋକୁଳାନନ୍ଦ ମହାପାତ୍ରଙ୍କର ଦୁଇଟି ଭ୍ରମଣ ବୃତ୍ତାନ୍ତ "ନୀଳ ଚକ୍ରବାଳ ସେପାରେ" ଏବଂ "ପାଶ୍ଚାତ୍ୟ ସ୍ମୃତି" ବହି ଦୁଇଟିରେ ଆମ ଆମେରିକା ରହଣୀ ଖୁବ୍ ସୁନ୍ଦର ଭାବରେ ଟିକି ନିଖି ବର୍ଣ୍ଣନା କରିଛନ୍ତି। ସେ ବହି ଦୁଇଟି ବେଶ୍ ଲୋକପ୍ରିୟ ହୋଇଛି। ସେ ବହିରେ କେବଳ ଆମମାନଙ୍କର ଯାତ୍ରା ବିଷୟ ବର୍ଣ୍ଣନା କରାହୋଇନାହିଁ, ପ୍ରତ୍ୟେକ ଦର୍ଶନୀୟ ସ୍ଥାନର ଇତିହାସ ମଧ୍ୟ ଲେଖା ହୋଇଛି। ଇଣ୍ଟରନେଟ୍ ସେତେବେଳେ ନଥିଲା। ବାପାଙ୍କୁ ଏତେ କଷ୍ଟ ହୋଇଥିବ ସେସବୁ ବିଷୟ ଲେଖିବାରେ ମୁଁ ସବୁବେଳେ ଚିନ୍ତା କରେ।

ଆଜି ପର୍ଯ୍ୟନ୍ତ ମୋର ବୋଷ୍ଟନ ସାଙ୍ଗ ଜେନି ଓ ନ୍ୟୁଜର୍ସିର ସାଙ୍ଗ ଲିସା ସଙ୍ଗେ ଚିଠିପତ୍ରର ଆଦାନ ପ୍ରସାଦ ୫୦ ବର୍ଷ ପରେ ଏବେ ମଧ୍ୟ ଚାଲିଛି। ସେମାନଙ୍କର ବାପା ମା ଚାଲିଗଲେଣି ମୋର ମଧ୍ୟ, ହେଲେ ବନ୍ଧୁତା ସେହିପରି ଅଛି, ଦୁଇ ବିଦେଶୀ ସାଙ୍ଗଙ୍କ ସଙ୍ଗରେ। ବୋଷ୍ଟନରେ ଥିଲାବେଳେ ଜେନି ଓ ମୁଁ ସବୁଦିନେ ସାଙ୍ଗ ହୋଇ କେତେ ଗପ କରୁ, ଖେଳାଖେଳି କରୁ, ପାର୍କ ଯାଇ ପୁଣି ଭାରତ ଫେରିଲା ବେଳେ ଲିସା ଓ ତା'ର ଛୋଟ ଭଉଣୀ 'ଏମି' ସାଙ୍ଗରେ ୪/୫ ଦିନ କଟିଲେ ମଧ୍ୟ ବେଶ୍ ସାଙ୍ଗ ହୋଇ ଯାଇଥିଲୁ। ୫୦/୬୦ ବର୍ଷ ପରେ ମଧ୍ୟ ଚିଠିପତ୍ରର ଆଦାନ ପ୍ରଦାନ ଫଟୋ ପଠାପଠି ଚାଲିଛି। ଡେରି ହେଲେ ଚିଠିପତ୍ରରେ ଜେନିଠାରୁ ଚିଠିଟେ ଆସିଯାଏ। ସେତେବେଳର ଆମେରିକା ସାଙ୍ଗ। ଭାଇ ବାବୁଲିନ୍ କଥା ପରେ। ଆଜିକାଲି କିନ୍ତୁ ଯୁଗ ବଦଳିଛି। ଏତେ ଦୋସ୍ତି ଭାରତୀୟମାନଙ୍କ ସଙ୍ଗରେ ଦେଖାଯାଏ ନାହିଁ। ପୁଣି ୬୦ ବର୍ଷ ପର୍ଯ୍ୟନ୍ତ ଲଗାତାର ଚିଠିର ଆଦାନ ପ୍ରଦାନ ଚାଲିଛି। ଏହା ବଡ଼ ଖୁସିର କଥା ଓ ଆଶ୍ଚର୍ଯ୍ୟର କଥା।

ସେତେବେଳର ମାନେ ଛୋଟ ବେଳର ସାଙ୍ଗ ଜେନି ଓ ଲିସା ମୋର କେବଳ ସାଙ୍ଗ ନୁହେଁ ପୁରା ପରିବାର ସହିତ ଅତୁଟ। ବନ୍ଧନ ଆଜି ପର୍ଯ୍ୟନ୍ତ। ବାପା ମା ସିନା ଚାଲିଗଲେ କିନ୍ତୁ ବଞ୍ଚିଲା ପର୍ଯ୍ୟନ୍ତ ସେମାନଙ୍କ କଥା ବୁଝିବାକୁ ଏହି ବିଦେଶୀ ସାଙ୍ଗମାନେ ଆଦୌ ଭୁଲନ୍ତି ନାହିଁ। ଶାଢ଼ୀକୁ ସେମାନଙ୍କର ବଡ଼ ଆଦର। ସେଥିପାଇଁ ଆମେ ଭାରତ ଫେରିଲା ବେଳେ ସେମାନଙ୍କୁ ଶାଢ଼ୀ ଉପହାର ଦିଆହୋଇଥିଲା। କିନ୍ତୁ ଦୁଃଖର କଥା ଆମେ ଫେରିବା ପରେ ସେ କହିଲା ଶାଢ଼ୀ ପିନ୍ଧା ତୁମଠାରୁ ଶିଖିଥିଲି; କିନ୍ତୁ ଭୁଲିଗଲି। ସେହି ସମୟରେ ସେଠାରେ ଭାରତୀୟ ଶାଢ଼ୀ ପିନ୍ଧା ସ୍ତ୍ରୀ ଲୋକ ଆଦୌ ମିଳନ୍ତି ନାହିଁ। ସେ କାହାଠାରୁ ଆଉ ଶାଢ଼ି ପିନ୍ଧା ଶିଖିପାରିବ। ଭାରତୀୟମାନେ କିପରି ଦିନ କାଟୁଥିଲେ। ସେତେବେଳେ ୟୁଟ୍ୟୁବ୍ ମଧ୍ୟ ନଥିଲା କେଉଁଠାରୁ ଶିଖିବ। ସେ କହେ ବେଳେବେଳେ ମୋତେ ଖୁସି ଲାଗେ ମୁଁ ଏପଟ ସେପଟ ଗୋଡ଼ାଗୋଡ଼ି ହୋଇ ପିନ୍ଧି ଫଟୋ ଉଠାଉଥାଏ। ମୁଣ୍ଡ ସେଣ୍ଟରରେ ଚିହ୍ନ ଦେଇ (ସିନ୍ଦୂର ଟୋପା ବା କଥା କୁହେ) ମୁଁ ପୁରା ଭାରତୀୟ ଦିଶେ। ମୋତେ ବହୁତ ହସ ଲାଗେ ଓ ଖୁସି ଲାଗେ ମଧ୍ୟ। କି ସୁନ୍ଦର ବିଦେଶୀ ସାଙ୍ଗଟିଏ ମୋର।

ଝିଅ ଘରକୁ କନେକଟିକଟ ଯେବେ ଯାଉଥାଉ ଏତେ ବର୍ଷ ପରେ ତାଙ୍କ ଘରକୁ ଗଲୁ ଜେନି ଓ ତା'ର ମେକ୍ସିକାନ୍ ସ୍ୱାମୀ ଆମେ ରହିବା ପାଇଁ କେତେ କ'ଣ ବ୍ୟବସ୍ଥା କରିଥିଲେ ନିଜର ବନ୍ଧୁବାନ୍ଧବ ଆସିଲା ଭଳି। କିନ୍ତୁ ଜ୍ୱାଇଁଙ୍କର ଅଫିସ୍ ଥିବାରୁ ଆମେ ରହିପାରିଲୁ ନାହିଁ। ଆଶ୍ଚର୍ଯ୍ୟ ଲାଗିଲା କି ଯେବେ ଆମେ ତାଙ୍କ ଘରେ ଭଡ଼ାରେ ରହିଥିଲୁ ଅଢ଼େଇ ବର୍ଷ ସେତେବେଳର ଫଟୋ ମୋର ଓ ମୋ ଭାଇର ତାଙ୍କ ମା' ସାଇତି ରଖିଛନ୍ତି ଆଣି ଆମକୁ ଦେଖାଇଲେ। ଆମେ ଆଶ୍ଚର୍ଯ୍ୟ ହେଲୁ କେତେ ଯତ୍ନଶୀଳା ସେମାନେ। ଆମେରିକାନ୍ ଲୋକ। ନିଜର ବନ୍ଧୁବାନ୍ଧବ ଏତେ କରିବେ ନାହିଁ। ବର୍ଷ ପରେ ବର୍ଷ ପ୍ରତ୍ୟେକ ବର୍ଷର ଘଟଣା ଫଟୋରେ ସାଇତି ରଖିଛନ୍ତି ସୁନ୍ଦର ଭାବରେ। ବହୁତ ଖୁସି ଲାଗିଲା। ଧନ୍ୟ ସେ ଦେଶ, ଧନ୍ୟ ତାଙ୍କର ବନ୍ଧୁତା ! ଆଜି ମୋ' ବାପା ମା' ନାହାନ୍ତି। ସେମାନେ ସବୁ ମଧ୍ୟ ଚାଲିଗଲେଣି। ଆମେ ପିଲାମାନେ ସେହିସବୁ ସ୍ମୃତିକୁ ଧରି ରଖିଛୁ କେବଳ। ଧନ୍ୟ ସେ ବୋଷ୍ଟନ ସହର, ଧନ୍ୟ ସେହି ଲୋକଙ୍କର ଆତ୍ମୀୟତା !

ସେହି ସମୟର ସାଇତା ହୋଇଥିବା କିଛିଟା ସ୍ମୃତି

ପଡ଼ିଶାଘର ସ୍ପାନିଶ ପିଲାଙ୍କ ସହିତ ଆମ ପରିବାର

ନ୍ୟୁୟର୍କ ପରିଦର୍ଶନ

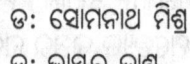

ଡ: ସୋମନାଥ ମିଶ୍ର
ଡ: ଭାସ୍କର ଦାଶ
ଡ: ପି. ମିଶ୍ରଙ୍କ ସହିତ
ଆମ ଘରେ

"East Meets West" Daily Home News

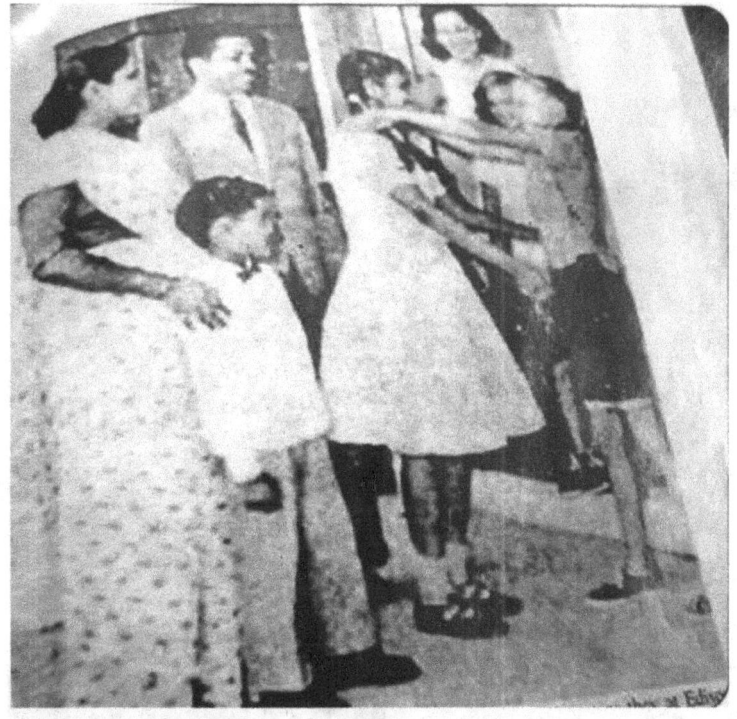

ନ୍ୟୁୟର୍କର ସମ୍ବାଦପତ୍ର 'ହୋମ୍ ଡେଲି ନିଉଜ୍'ରେ ସେହି ସମୟରେ ପ୍ରକାଶିତ।
ନିଉଜେର୍ସିରେ ଡୋନର ପରିବାରଙ୍କର (Surprise photo) ସ୍ୱାଗତ

ବୋଷ୍ଟନ ଘର ଲିଭିଂ ରୁମ୍

ଲିସା ସହିତ ପ୍ରଥମ ଭେଟ
ଜାହାଜରେ

ଗୋକୁଳାନନ୍ଦ ମହାପାତ୍ର ଓ
କୁମୁଦିନୀ ବୋଷ୍ଟନରେ

ଖେଳପଡ଼ିଆ ଯିବା ରାସ୍ତାରେ

 ମନେପଡ଼େ ସେହିଦିନର ବୋଷ୍ଟନ ସହର ଓ ବିଦେଶ ବୁଲା

ଷ୍ଟାଚ୍ୟୁ ଅଫ୍ ଲିବର୍ଟି ଜାହାଜରେ

ପଡ଼ିଶାଘର ସ୍ପାନିଶ ସାଙ୍ଗଙ୍କ ସହିତ

ବରଫାବୃତ ବୋଷ୍ଟନରେ
ମିସେସ୍ ଭେଡମ ରଙ୍ଗନାଥନଙ୍କ
ସହିତ

ମିସେସ୍ ଲିଉଇସ୍ଙ୍କ ସଙ୍ଗେ ଭେଟ
୪୦ ବର୍ଷ ପରେ

ଡ: ପ୍ୟାରିମୋହନ ମିଶ୍ରଙ୍କ
ସହିତ ଚିକାଗୋରେ

ବାପା ଡ: ମହାପାତ୍ର 'ବ୍ରାଣ୍ଡାଇସ୍'
କୋଲିଗ୍‌ମାନଙ୍କ ସହିତ
ପିକ୍‌ନିକ୍‌ରେ

୪୦ ବର୍ଷ ପରେ ଜେନି ଓ
ପରିବାର ସହିତ ବୋଷ୍ଟନରେ
ସାକ୍ଷାତ

n Rhode Island USA with Dr. Birendra
Patnaik and Family

ଡ: ବିରେନ୍ଦ୍ର ପଟ୍ଟନାୟକ ମଉସାଙ୍କ
ସହିତ ରୋଡ୍ ଆଇଲ୍ୟାଣ୍ଡରେ

ମୋ' ସ୍କୁଲ୍ ସାଙ୍ଗ କ୍ୟାରୋଲିନ୍
ସହିତ 'ନିଉ ହଲ୍' ସ୍କୁଲରେ

ସୁଇଜରଲ୍ୟାଣ୍ଡ୍ ପରିଦର୍ଶନରେ

ବୋଉ ସେଠାରେ ଶିଖିଥିବା
କେକ୍, ବିସ୍କୁଟ

ରୋମ୍ ପରିଦର୍ଶନ

ବୋଷ୍ଟନରେ
ଡାଇନିଂ ରୁମ୍

ଲଣ୍ଡନରେ ପ୍ରଫେସର
ହରି ପଟ୍ଟନାୟକଙ୍କ
ମଉସାଙ୍କ ସହିତ

'ଷ୍ଟାଚ୍ୟୁ ଅଫ୍ ଲିବର୍ଟି'
ପରିଦର୍ଶନ ଜଏସ୍ୱିନି
ପରିବାର ସହିତ

ଛୋଟ ଭାଇ ବାବୁଲିନ୍ ସହିତ ବୋଷ୍ଟନରୁ ଫେରି
ସେଣ୍ଟ୍ ଜୋସେଫ୍ କନ୍‌ଭେଣ୍ଟ୍‌ରେ ଜଏନ୍

ରୋମ୍‌ର ଫୁଲ ବଗିଚ

ବାପା ଓ ବୋଉ ବୋଷ୍ଟନରେ

ନ୍ୟୁୟର୍କରେ ବୋଉ ଓ
ବାବୁଲିନ୍‌ ସଙ୍ଗେ

Brandeis University, USA

ବ୍ରାଣ୍ଡାଇସ୍‌ ୟୁନିଭର୍‌ସିଟି

DNA Structure Elucidation was the su...
matter of his Post-D... ...dies. A...
...ime, Prof. A. R. Tod... ...ge Univ...
Organic Chemistry... ...was also...
...search on DNA St... ...Prof. Todd...
...al products. How... ...Dr. Mohap...
...anatra. O...

ଡ. ଜ୍ୟୋସ୍ନା ମହାପାତ୍ର

ଇଟାଲିୟାନ୍ ଦମ୍ପତି
(ଘରବାଲା)

ବୋଷ୍ଟନରେ ନିଜ
ବାସଭବନ

ଖେଳପଡ଼ିଆରେ
ଛୋଟ ଭାଇ ସହିତ

ବ୍ରାଣ୍ଡାଇସ୍ ୟୁନିଭରସିଟିର
ପ୍ରଫେସର ଡ: ଫ୍ରିଡ୍ମ୍ୟାନ୍

Prof. Orrie Friedman
Post Doctorial Guide, Biotech Industry Pioneer
Prof. of Chemistry, Brandeis University, U.S.A.

ଡ: ଲିଳାବତୀ ପଟ୍ଟନାଏକଙ୍କ
ସହିତ

ପରିବାର ଓ ଡ. ସୋମନାଥ ମିଶ୍ରଙ୍କ ସହିତ

ଡ. ସୋମନାଥ ମିଶ୍ରଙ୍କ ସଙ୍ଗେ
ଏମ୍.ଆଇ.ଟି.ରେ ଦେଖା ସାକ୍ଷାତ

ଆମ ଘର 125 Charles St.
Welthem

ଭାଇ ବାବୁଲିନ୍ ସହିତ
ବୋଷ୍ଟନ ଘରେ

ଲେଖିକାଙ୍କର ଅନ୍ୟାନ୍ୟ କୃତି

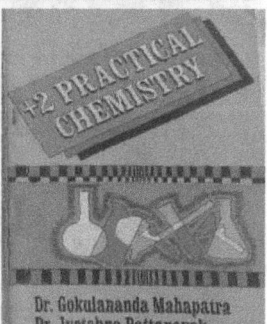

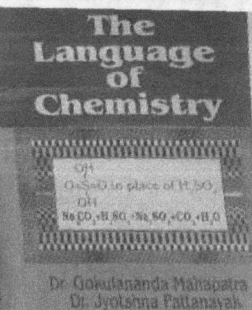